KB233592

# 통합적 미술치료 프로그램 및 평가

통합적 미술치료 프로그램 및 평가

# 통합적 미술치료 프로그램 및 평가

전정민 지음

이담 Books

# 머리말

통합적 미술치료의 필요성이 강조되는 집단 미술치료의 경우 여러 대상의 요구와 증상을 해결하기 위해 능동적인 참여와 역동적인 활동을 유도할 수 있는 적절한 매체의 통합이 더욱 필요하다. 여러 가지 예술매체 중 특히 미술매체가 폭넓게 접목되고 있는데, 이는 미술매체의 특성상 다양한 재료를 다루고 광범위한 표현이 가능하여 다른 분야와의 통합이 수월하기 때문이다. 이에 통합적 접근을 하기 위해서는 다양한 이론을 평가할 능력을 갖추어야 한다. 한 이론만 알고 그 이론으로 유래된 몇몇 기법들을 치료대상자에게 기계적으로 적용하는 것은 문제가 크다. 그리고 중요한 사실은 치료대상자에게 치료자가 맞추어야지, 치료기법에 치료대상자를 맞추어서는 안 되는 것이다.

통합적으로 접근함이 필요하기는 하나, 이 또한 논쟁점이 없는 것은 아니다. 심리치료 이론에 따라 인간을 보는 관점이 달라지면 문제의 초점, 개입시기, 개입방법, 개입결과의 평가가 달라진다. 치료사가 일관된 이론적 틀을 가지고 있지 못하면, 치료단계에서 방향을 잡지 못해 혼돈을 겪을 수 있다. 치료진행에서도 일관성을 잃고 중요한 결정사항을 놓칠 수 있기 때문이다. 통합적 접근의 미술치료는 앞으로 지향해 가야 할 새로운 대체의학으로서 더 복잡하고 다양한 문화에서 오는 다양한 문제들을 치료대상자가 직면하고 있는 다양성의 접근으로 적절하게 설명할 수 있도록 하는 치료 프로그램의 개발과 연구가 많이 필요하다고 본다. 때문에 다양한 심리치료와 특수교육 및 예술치료 분야에서 폭넓게 통합될 것으로 여겨진다.

통합적 미술치료의 접근 필요성
- 인간 존재의 본질적 다양성
- 인간문제의 복잡성
- 이론에 치료대상자를 적용하는 것이 아니라 치료대상자에게 이론 적용
- 완벽한 이론의 부재로 다양한 미술치료의 시도

통합적 미술치료의 접근 필요성에서 제시하고 있듯이 미술치료를 위한 평가도구의 소개는 필수적이다. 미술치료 분야의 최근 연구와 몇 가지 새로운 사정을 포함한 미술치료 검사들이 소개되고 있다. 이에 본 책 또한 목적을 심리검사와 측정 분야에 대해 평가도구개론처럼 전체를 살펴보는 데 두고 있다. 다양한 환자집단에 사용 가능한 미술치료 사정도구들에 관한 연구들을 검토하였고, 미술치료 평가의 적용 시 다양하고 유용한 해석방법 제안을 수록하였다. 아울러 개인, 집단, 가족 등에 대한 상세한 소개와 함께 미술치료 사정 시 유의해야 할 점 등에 대해서도 다루고 있다. 전통적인 미술치료 접근에서부터 현재에 이르는 미술치료까지 현장 사례에 집중된 것을 사례연구 후 많은 사례

들을 잘 해석해 내는 데에도 이 책은 목표를 두고 있다.

　미술치료사, 심리치료사, 정신건강 분야에서 일하는 전문가들이 그들의 내담자와 관련하여 신뢰할 만하고 타당한 정보를 줄 수 있는 사정도구들을 선택하는 것을 돕는 데 있다. 특히 질적 평가에 머무르고 있는 미술치료의 해석들을 양적 평가와 연합을 이루어야 함을 강조하고 있다. 그러기 위해서는 평가의 기본 개념부터 살펴보기 위해서 미술치료의 효과를 주는 요인들의 결정 요인이 무엇인지를 살펴서 영향을 주는 요인에 대한 이해가 필요하다. 즉 표집 대상을 잘 파악하는 것도 중요하다. 또한 신뢰할 수 있고 타당한 문항을 개발하고 내담자에게 알맞은 프로그램 및 검사도구를 선정하는 방법도 생각해 보게 한다.

통합적 미술치료 평가의 순서

- 미술치료 상담
- 상담 자료에 따른 요인 분석(내적 요인, 외적 요인, 기타 요인)
- 진단도구 선택 및 진단과 해석
- 심리검사 선택 및 검사 해석(질적 분석+양적 분석)
- 프로그램 선택 및 계획(단기·장기, 치료적·교육적 선택)

• 치료프로그램 선택 및 효과 측정


　미술치료사의 역할은 내담자의 인격적인 성숙을 위한 오랜 시간과 치료의 긴 여정이라고 생각한다. 이러한 긴 여정에서 우리는 미술치료를 통해서 서로를 이해하고 사랑하기 위한 하나의 수단으로 미술치료의 기법과 도구를 사용하여야 할 것이다.

　이 책은 진단기법과 치료기법에 비중을 두고 다양한 미술치료기법들을 통합적 접근으로 살펴본다. 미술치료사들이 임상장면에서 미술치료를 어떻게 시도해야 하는지 도와주는 책이다.

　책이 나오는 마지막까지 노심초사하며 원고 수정에 도움을 주었던 박성애 선생과 남희숙 선생께 감사드리며, 한국학술정보(주) 채종준 대표이사님을 비롯하여 원고 표지디자인, 원고 편집과 인쇄에 이르기까지 세심한 배려를 해 주신 여러 관계자분들께 감사드린다.

2010년 6월

서목(아호) 전정민

# 목차 CONTENTS

PART 01

# 미술치료 개념과 역사

# 미술치료 개념과 역사

## 1. 미술치료의 개념

미술은 인류의 역사와 더불어 시작되어, 인간의 문화적·사회적·인격적 발달 과정을 증명하고 있는 예술로서, **인간의 삶과 밀접한 관계를** 지니고 있다. 즉 삶에 대한 **용기와 의지를 키우는 데 기여한다**(Schafer, 1973). 치료는 환자의 병을 치료하거나 약화시키는 것을 목적으로 진단과 환자의 적응상태를 기초로 하여 목표 지향적 임상작업의 관점(Petzold, Orth, 1991)에서 적용되고 있다. 이에 따라 치료는 크게 의학적 기준과 심리학적 기준으로 나눈다.

미술과 치료라는 두 영역에서 탄생한 미술치료는 이론적 관점과 방법적 관점이 학자마다 다르기 때문에 한 가지 개념으로 정리가 어렵지만 대표적으로 심리학적 기준, 교육학적 기준, 인간학적 기준에 따라 분류, 발전되고 있는 치료 영역이다. 미술치료라는 용어는 학자들의 관점에 따라 **'예술치료', '창의적 매체에 의한 치료', '표현치료', '창의성 치료'** 혹은 **'미술매체에 의한 심리치료'** 등으로 다양하게 사용되고 있다.

## 2. 미술치료의 정의

미술(art)과 치료(therapy) 두 영역에서 출발한 미술치료는 미술, 심리학, 정신의학, 인간학, 사회학 등의 여러 학문이 상호관련을 맺고 있으며 그 이론적 관점과 방법적 관점에 대해 학자 간 차이가 있어 한 가지 개념으로 정리하기는 어렵다. 하지만 **울만**(Uman)은 미술치료가 어떤 영역에서 어떻게 활용되고 있든 간에 공통적으로 부여된 의미는 '시각예술'이라는 수단을 이용하여 인격의 통합 혹은 재통합을 돕기 위한 시도라고 정의한다(한국문화예술위원회, 2008).

**루빈**(Rubin)은 최근의 저서『미술치료개론』(Art Therapy: An Introduction)에서 미술치료의 정의는 울만(Ulman)도 1960년대에 지적했지만 오늘날까지도 불분명하다는 것을 지적하고 있다. **루빈**은 '무엇이 미술치료이며 무엇이 미술치료가 아닌가?'라는 질문을 제시하여, 미술치료에 대한 정의에 접근하고 있다('정신병원에서 여가시간 즐기기'는 미술치료일까?). 미술치료의 중심점은 미술과 치료 두 개념에 근거하여 미술활동의 일차적 목적은 치료가 우선이며, 일차적 기여는 창의적 과정의 치유적 힘이라고 보았다.

**델리**(Delly)는 '치료로서의 미술(Art as therapy)'에서 미술치료에 대한 정의를 포괄적으로 정의 내리고 있다. 즉 미술 치료란 치료적 틀 안에서 미술과 다른 시각적 매체를 사용한다는 견해이다.

**페촐트**(Petzold)는 게슈탈트 치료영역을 대표하는데 그는 미술치료를 다른 예술과 함께 예술치료의 하위개념으로 받아들여 상위 개념인 예술치료는 창의적 매체와 중간적 매체인 예술심리치료를 사용하는 통합적 치료의 의미로 받아들인다.

# 3. 미술치료의 현황

## ○ 국외 미술치료 현황

19세기 초반, 독일의 정신병원 의사들이 미술활동을 작업치료라는 포괄적 관점의 한 부분으로 환자치료에 미치는 예술적-정서적 효과로 받아들이면서부터 시작되었다고 할 수 있다(Domma, 1990). 미술치료의 필요성을 일반적으로 인식한 것은 **19세기 후반 산업화의 발전으로 노동과 생산형태가 변하면서**, 인간 개인의 생활양식뿐만 아니라 그로 인한 인간성까지 변질되어 가는 사회적 현상에 근거한다(Richter, 1994). 이 시기의 산업화와 기계문명의 급속한 발전은 인간의 합리적 사고와 분석적 능력을 높이 평가하는 경향이 많아짐에 따라 사회에서 개인의 존재는 점차 수단화되고 소외되어 인간의 정신 병리적 현상이 증가하게 되었다.

## 가. 유럽

**유럽**은 **19세기 후반부터 프랑스와 이탈리아** 등의 정신과 의사 및 법의학자인 타르디외(Tardieu, 1872), 시몽(Simon, 1876), 롬브로소(Lombroso, 1890)는 정신병자들의 그림에 대한 글을 기고하였다.

**독일의 정신과 의사였던 프린츠호른(Prinzhorn)**은 1919년~1921년에 정신병자들의 작품(그림, 소묘, 콜라주, 조소)을 수집하여, 1922년 **'정신병자들의 그림'**이라는 책을 출판하였다. 그는 조형예술과 심리학과 정신병리학에 대한 논의를 통하여, 미술활동이 환자들의 심리에 접근하는 데 중요한 의미가 있다는 것을 제시하였다. 또한 이 시기에 문학과 심리학과 미술 분야에서는 인간의 무의식에 관심이 높아지면서, 예술적 표현을 통하여 인간의 내적 세계를 이해하고 분석하는 시도가 활발해졌다. **프린츠호른**은 독일에서 미술치료의 시작과 발전에 중요한 역할을 한 인물이다. 의사들뿐만 아니라 정신분석가인 **로르샤흐(Rorschach)나 안나 프로이트(Anna Freud)**도 환자들의 그림에 대한 연구를 하였다.

**융(Jung)**도 그의 분석심리학에서 환자들의 그림을 분석하며 치료에 적용하였다. 이에 비해 **독일**은 2차 세계대전 중 히틀러에 의한 예술탄압과 1950년대에 향 정신신약이 정신과 치료에 주도적 역할을 하면서 미술치료는 오히려 주춤하였으나 **60년대**에 들어오면서 미술치료에 대한 재고가 새롭게 이루어지는 계기는 대표적인 인지학의 창시자인 **슈타이너(Steiner)사상에** 영향을 받아 1964년 예술을 치료적 도구로 사용함에 따라 미술치료의 개념이 처음 사용되었다. **1970년대에는** 미술치료가 정신분석학적 측면, 마약중독 청소년, 노인과 성인교육 등에 적용되었다. **1976년 쇼텐로어(Schottenloher)**는 뮌헨의 미술 아카데미에 미술치료 강좌를 개설하였으며, 독일 미술치료의 지도적 입장에 있다. **1979년에 나브라틸(Navratil)**이 '정신분열증과 미술'이라는 연구를 통해서 정신병원의 환자에게 미술-심리치료를 개인치료로 적용하였다.

**독일은 1980년대** 이래로 미술치료사가 직업으로 인정받게 되었다. 그 이후로 독일은 미술치료가 **게슈탈트 치료적 관점, 인지학적 관점, 인본주의적 관점, 정신분석적 관점을 지닌 학자들에** 의해 다양하게 독자적 노선을 걷고 있다.

**영국**의 미술치료 발전에 기여한 대표적인 인물은 미술가 **힐(Hill)**이다.

그는 2차 세계대전 중에 군 요양소에서 환자로 있으면서 무료함과 스트레스를 극복하기 위하여 그림을 그리기 시작하여 이 영향으로 다른 환자들도 조형예술을 매개로 자신들의 병에 대한 고통과 불안과 죽음을 표현하기 시작하였다. 그는 1946년 영국의 국립정신과 병원에서 최초로 정식 미술치료사로 인정받게 되었으며, 그 이후로 미술치료사들의 배출이 이루어졌다(Waller, 1986). **1970년대에** 들어와서야 미술치료와 미술교육이 분리되었고 1980년에 영국 보건복지부에서는 미술치료를 작업치료에 포함시켰다가, 1997년에야 비로소 미술치료를 독립된 직업으로 인정하였다.

## 나. 미국

**미국에서는 1907년** 이래로 정신과 병동에서 환자들이 미술가들의 지도 아래 미술활동을 시도한 것을 미술치료의 출발로 보고 있다(Rubin, 1999).

실제로 미술치료 관점과 연계하여 인식한 것은 **1940년대 초반이며** 미국에는 유럽의 정신과 의사들에 의해서 미술표현에 대한 정신병리학적 작업 등 치료적 양식의 도입이 활발하게 소개되었다. 정신분석 이론에 근거한 **나움버그(Naumburg)와 크라머(Kramer)**에 의해서 미술치료가 새로운 영역으로 자리매김하여 발전하게 되었다.

**나움버그**는 환자들의 심리치료에서 주로 하는 언어적 형태를 발전시킨 미술표현, 즉 무의식에서 표현된 상상적 내용과 그림 과정과 그림과의 대화를 중요시하였다.

그에 비해 화가이면서 교육자인 **크라머**는 미술치료에서 미술의 입장과 미술교육적 관점을 중시하였다. 또한 그는 **프로이트의 승화이론에** 입각하여 미술을 방어기재를 분출하여 승화로 이끄는 지름길로 여겼다. 미국의 미술가며 심리학자인 **레비(Levy)**는 미술치료를 대학과정에 도입한 **로빈슨(Robbins), 랜드가르텐(Landgarten), 와데슨(Wadeson)** 등이 50년대와 60년대를 거쳐서 오늘날까지의 미술치료 발전에 기여하고 있다.

1966년 미국미술치료학회(American Art Therapy Association, AATA) 설립 및 미술치료전문지『American Journal of Art Therapy』,『The Bulletin of Art Therapy』 출간 등으로 다수의 학문적 연구가 진행되고, 학제과정으로는 1971년 조지워싱턴대학 내 대학원 과정이 최초로 설립되었다가 AATA가 주축이 되어 미술치료 관련 학문에 대한 학술활동과 미술치료사 양성의 역할을 하고 있다. AATA에서 독립한 미술치료사자격위원회가 학술단체와 전문연구지를 통해 미술치료훈련 프로그램 제도 마련 및 전문가 양성, 엄격한 회원관리 등을 시행하고 있다.

현재 미국에서 미술치료가 시행되고 있는 기관은 병원 및 치료센터, 통증클리닉, 학교, 미술스튜디오 등이며 또한 미술치료사들은 의사, 심리학자, 간호사, 재활상담사, 사회복지사 등 전문직과 같이 팀을 이루어 여러 분야에서 전문성을 활용하고 있다(한국문화예술위원회, 2008).

## 다. 일본

도쿠다 박사 등 정신과 의사에 의해 미술치료가 환자에 적용되기 시작하였다. 1969년 일본예술요법학회의 시작인 제1회 예술요법연구회가 개최되었으며, 1991년 미술치료만을 위한 학회가 창립되었다. 일본에서의 미술치료는 임상미술(臨床美術)이라는 용어로 사용되고 있으며 미술치료의 주요 대상은 치매를 앓는 환자이다. 임상미술은 일본 노인복지의 일환인 개호 예방사업에 속한 프로그램으로 내담자의 뇌 활성화를 촉진시키도록 고안된 커리큘럼에 따라 내담자가 프로그램을 즐기면서 인지장애를 개선하도록 하는 방법이다. 최근에는 치매노인뿐만 아니라 초등학교 수업에서도 임상미술이 활용된다.

## ○ 국내 미술치료 현황

우리나라에도 오래전부터 정신병원에서 미술을 환자 치료에 적용하였지만, 미술치료가 본격적으로 소개된 것은 1990년대이며 이 분야에 대한 호기심과 관심을 가지고 미술치료를 연구하여 임상에 적용하는 좋은 현상이 보이고 있다. 산발적 운영이 주를 이루던 국내 미술치료는 1990년대 일본의 묘화검사, 묘화요법 학회 창립의 영향을 받아 한국미술치료학회 창립을 시작으로 체계화되기 시작하였다. 1991년 국내 최초로 대구대학교 재활과학대학원 내 미술치료학과가 정규교육과정으로 개설, 1992년 한국미술치료학회 창립, 1999년 한국표현예술심리치료협회 창립, 2005년 다양한 학계 인사 및 의료진, 전문가들이 참여한 대한임상미술치료학회가 창립되면서 통합의학으로 미술치료가 시작되었다.

대학원에 미술치료학과가 개설됨으로써, 미술치료의 학문적·임상적 연구가 구체적이고 심층적으로 이루어질 것으로 기대된다. 아직 우리나라의 경우는 미술치료에 대한 학문적 접근의 미비점과 관계기관의 미술치료에 대한 정보부족으로 체계적 연구가 시급한 상황이다. 또한 미술치료사가 아직 국가공인 직업으로 인정받지 못하고 있는 실정이다. 최근 들어 미술치료를 위한 학문적 연구뿐만 아니라, 실제 임상을 위한 치료계획, 진단, 프로그램, 평가, 대화기술 등에 대한 연구와 임상이 활발하게 이루어지고 있다.

# 4. 미술치료의 견해

### • 치료로서 미술(art as therapy)

미술 활동의 창작과정에 내재하는 치유력에 대한 믿음이 있다. 제작과정 그 자체가 제작경험의 성장과 건강증진을 가능하게 한다. 미술활동은 상상력을 동원하여 진실하고 자발적으로 자기 자신을 표현하는 기회이며, 개인적인 변화와 감정적 보상, 성취감으로 이끌어 가는 경험이 된다.

### • 치료에서 미술(art in therapy)

미술이 상징적인 의사소통 도구라는 생각을 기본으로 한다. 작품이 갈등이나 감정, 주제를 전달하는 데 효과적이라는 점을 강조한다. 심리치료는 이러한 접근을 전제로 하므로 그림의 이미지는 직관력을 갖고 아동과 치료사 간의 언어적 의사소통능력을 증진시킨다는 점에서 중요하다.

### • 통합적 미술치료

조형예술에 다른 예술형태들 예를 들어 시, 음악, 무용, 연극, 인형극, 팬터마임 등을 치료에 상호 통합적 적용하는 것이다. 이러한 관점은 미술치료가

| Art in therapy<br>– 치료에서의 미술<br>(Naumburg) | Art as therapy<br>– 치료로서의 미술<br>(Kramer) | 통합적 미술치료<br>(Ulman) |
| --- | --- | --- |
| 치료과정에서 미술을<br>매체로 활동<br>정신분석적 정신치료<br>그림표현과 해석 중시 | 미술 작업과정과 창조성자기표현,<br>승화작용, 자아성숙 치료자는 승화<br>와 통합과정을 돕는다. | 치료+창조<br>1970년대 초 유럽의<br>다양한 예술의 결합<br>통합미술치료라는 용어 소개 |

다른 예술형태 및 매체와의 결합을 통하여 환자에게 다양한 미적 경험을 제시하고, 그들의 감정과 감각을 통합적으로 사용하여, 치료의 가능성을 확대시키는 것을 목적으로 한다(정여주, 2006).

PART 02

# 미술치료의 접근방법들

# 미술치료의 접근방법들

## 1. 정신역동적 접근

"당신 앞에 떠오르는 이미지를 붙잡으십시오, 그것이 우리가 찾고 있던 것일 수 있습니다. 자, 무엇을 보셨습니까?"(Freud & Breuer, p.110)

정신분석학적인 미술치료의 이론적 배경은 프로이트의 이론이다. 프로이트는 활동 초기부터 여러 환자들이 제공하는 대화의 통로 중에서 가장 중요한 것이 시각적 이미지의 묘사란 것을 알았다고 주장하고 있다("I could draw it but I don't know how to say it").

**프로이트**는 꿈의 이미지가 많은 의미를 가지는 매우 중요한 것이라는 것을 발견하여 "우리는 꿈을 대개 시각적 이미지로 경험한다. 꿈을 설명하기 어려운 이유 중 하나는 이러한 이미지를 말로 바꾸기 어렵기 때문이다"라고 언급하였다. 그 후 그의 딸 **안나 프로이트에 의해서** 발전되었는데, 그녀는 아동은 자유연상을 하기가 어렵지만 꿈이나 몽상의 사용 외에 그림 그리기를 사용해서 아동을 분석할 수 있다고 보았다.

## 가. 주요 개념

1) 카타르시스(catharsis): 쌓여 있던 감정들이 거세게 분출되는 것

2) 나르시시즘(narcissism): 자기 자신에게 과도하게 주목을 함으로써 생기는 자기도취, 여기에는 건강한 것과 그렇지 못한 2종류의 나르시시즘이 존재한다.

3) 리비도(libido): 프로이트는 이것을 삶의 에너지원이라고 생각했는데 생물학적인 충동에서 유래된 정서적, 정신 에너지를 칭한다.

4) 자아 기능(ego functioning): 사람들이 내적 갈등, 즉 마음을 괴롭히는 부분들로부터 자신을 보호하는 기능을 말한다.

5) 방어기제(defense mechanism): 자아 기능의 일차적 양상. id를 다루는 방법이라고 할 수 있다. 방어 기제는 자신의 내적 만족과 자아 사이에 갈등이 일어날 경우 나타난다. 방어기제의 예로는 projection, displacement, sublimation, regression.

## 나. 성격이론 personality theory

1) 결정론적인 모델: 즉 정신적인 활동은 개개의 독립적인 것이 아니라 인과적으로 연결되어 있다.

2) 위상적인 모델(topographic model): 즉 정신은 인식의 층으로 구성되어 있다. 심층 심리학(depth 또는 layer psychology)이라고 불린다. 이 층은

무의식(unconscious: 의지로 다다를 수 없는 심층), 전의식(preconscious: 다다를 수 있으나 인지는 되지 않는 층), 그리고 의식(consciouness)이다.

3) 유전적 모델: 갈등, 성향, 증상들은 유아기에 그 뿌리를 두고 있다. 그러므로 증상이 생겨도 원인은 더 오래전에 있던 것으로 여기며 기억이나 꿈에 초점을 맞춘다. 이 이론에 따라 각 단계가 있다. −oral, anal, phallic phase.

## 다. 치료에 이용되는 개념

1) 자유 연상(free association): 검열되지 않은 생각들을 자유롭게 표현하는 것

2) 전이(transference): 과거에 자신을 보살펴 준 사람, 많은 경우 부모가 되는데 이런 사람들과의 초기에 형성된 경험이 현재에 분석가와의 관계에서 되풀이되는 것, 부정적이거나 긍정적이거나 둘 다일 수 있다. 분석과정에서 과거를 재구성하는 것으로 성격을 이해하는 데 중요하고 유용한 도구이다.

3) 역전이(counter−transference): 치료자의 무의식적인 반응으로 이것이 무의식 세계에 남아 있으면 치료 과정에서 문제가 될 수 있지만 이를 의식으로 끌어올려 작업할 경우에는 환자의 상태를 이해할 수 있는 유용한 개념이 된다.

## ○ 융 학파의 분석적 미술치료

융은 이미지를 사용한 자신의 개인적이고 전문적인 경험에 대해서 자세히 기록하지 않았지만, '적극적 상상'이라는 기법에 대해 숱하게 언급하고 있다. 이 기법은 무의식으로부터 나온 이미지를 그리는 것이다. 『원형과 집단무의식』(The Archetypes and Collective Unconsciousness, 1968)이라든지 『연금술

연구』(Alchemical Studies, 1968)를 보면, 융의 환자들이 그린 그림이 많이 실려 있다. 융은 1916년 "초월적 기능(The Transcendent Function)"이라는 논문에서 적극적 상상을 처음 언급했지만 1957년이 될 때까지 발표하지 않았다.

『인간과 상징』(Man and His Symbols, 1964)이란 책은 융의 이론에 접근하기 쉽도록 해 주며, 신화와 연금술, 종료, 우화, 예술 등에 나타난 원형적 상징과 치료 과정을 연결시켰다.

## ○ 이 외의 학자들

르위스는 미술작품이 오랫동안 정신분석 기법의 하나로 인식하였으며 미술작품을 해석하는 것을 통해 무의식을 규명하는 것이 더 쉽다고 제안했다. 1930년 이후 40년대, 50년대를 거치면서 개별 임상가들은 정신분석치료에 미술을 사용하여 환자들의 자발적 그림을 치료자에게 의뢰하여 분석하기도 했고 회기 중에 환자에게 그려볼 것을 제안하기도 했다. **쉴더(Schilder)**의 경우는 예술가들이 환자들이 그림 그리는 일을 돕도록 하여 그 그림들을 집단분석 회기에 가져오게 하였다. **스피츠(Spitz)**는 심하게 우울하고 위축된 환자들을 도와 작품을 만들도록 미술교사를 채용하였고 **모세(Mose)**는 심리치료를 하면서 환자가 핑거 페인트한 뒤 그 속에 연상하도록 격려하였다. **아우얼바흐(Auerbach)**는 환자를 안락의자에 눕게 한 뒤 낙서하도록 했고 **스턴(Stern)**은 정통적 정신분석을 하면서 집에서 자유로이 그린 후 분석 회기에 가져오게 **슬랩(Slap)** 보고대로 최근 분석가들은 말로 하기 어려운 꿈의 세부적인 것을 그리도록 했다. **나움버그**는 이미지를 통한 무의식적 의사소통에 대한 통찰과 치료에서 미술을 사용하는 것을 통합하였다. 그녀는 교육자로 출발하여 1914년에 **월든(Walden)**이라는 정신분석 원리에 기초한 학교를 설립하였다. 그 학교는 예술을 중시하였는데 아동미술 표현은 가능한 한 '자발적'인 것이어야 한다고 주장했고 그녀는 초기의 '원 초아 심리학(id psychology)'시대에 일하기 시작하여, 무의식을 의식화하는 것을 첫 번째 치료의 목표로 삼고 무의식적 이미지를 분출하는 것을 미술교육과 미술치료의 중심으로 여겼다.

[출처] 미술치료의 다양한 접근법 |작성자 청청 글

## 2. 인본주의적 접근

○ 알프레트 아들러 이론에 기반을 둔 미술 프로그램

알프레트 아들러(Alfred Adler)는 사회 및 집단치료의 아버지라 불린다. 사회화는 인류의 미래에 유일하게 합리적이며 낙관적인 접근이다. 또, 아들러는 결정론보다 자유의지를 믿었다. 그는 사람이 자신의 운명을 자신의 손에 쥐고 있으며, 정서는 사람을 고무시키는 신경에너지라고 생각했다(Adler & Deutsch, 1595). 아들러는 신경증이 사람의 생활력과 사회 공동체 내에서 활동을 제한시킨다고 믿고, 집단치료에 관심을 가져, 미술 및 놀이치료의 창조적 힘에 주목하였고 놀이는 실제 상황이 아니므로 이들에게는 편안함을 느낄 수 있는 안정된 세계라고 했다. 치료자가 할 일은 표현의 자유와 사회적 적응을 향해 가도록 인도하는 것이며, 개인과 사회 간의 협동적 조화를 중시하는 것, 이 이론을 '개인심리학(individual psychology)'이라 하였다. 아들러는 프로이트이론의 충동이나 무의식이 비합리성으로 이끄는 힘이라는 가정반대를 했다.

그는 '치료적 사교 모임(therapeutic social club)'을 고안하여 힘들어하고 갈등을 겪는 사람들이 사회적으로 건설적인 삶을 살도록 이끄는 과정으로 삼았다. 치료적 사교 모임은 조슈아 비어라 박사가 1938년 런던에서 실험적으로 만들었고 주로 급성 신경증 환자들과 정신병 환자들을 위해 만들어졌는데, 빠른 속도로 영국과 다른 나라에 있는 많은 병원과 외래진료소에 확산되었다. 사람들은 치료적 사교 모임을 통해 예술 분야나 친교를 하는 데 자신의 창조력을 발달시키고 확장하며, 사회적 관심, 즉 두 사람 사이에 존재하는 가장 가까운 정서적 관계를 강조하였다. 치료적 사교모임 프로그램은 개인 활동과 집단 활동으로 구성되며, 공휴일이나 생일 같은 특별행사가 있으면 프로그램이 바뀌기도 한다. 모임장소로 오면 구성원들은 개별 활동, 이를테면 미술치료나 무용치료, 음악치료, 직업 안내 등의 활동을 선택해서 참가한다. 집단 활동으로는 미술, 시, 춤, 음악, 심리극 등이 있었다. 치료진은 무용치료사, 음악치료사, 시 치료사로 구성되었다. 또한 뉴욕 주 비콘(Beacon)에 소재한 학교에서 심리극 집단프로그램을 운영하였다.

　[출처] 미술치료의 다양한 접근법 |작성자 청청 글


## 3. 현상학적 접근법

### (Phenomenology of therapeutic art expression and therapy)


### ○ 현상학의 정의


　현상학이란 1700년대부터 철학에서 알려진 것으로 미국에 상륙한 것은 20

세기 중반이다. 1913년 Edmund Husserl은 현상학을 "현상(대상)과 즉각적인 경험의 형태로 의식 내에서 표출되는 그들의 구조를 연구하는 것"이라고 정의하였다. 다시 말하면 과정을 바라보는 분석적인 방법을 칭하는 것으로 과거 안에서 무슨 일이 일어나는지를 조사하는 것이다. 현상(Phenomenon)이란 의식하는 것이 가장 중요한 개면으로 관찰이 가능한(볼 수 있고, 들을 수 있고, 만져 볼 수 있는) 물건들과 함께 생각, 감정, 꿈, 환상들을 포함한다. Husserl의 현상학은 의도성(intentionality)이 중심개념이다. 이는 의식적인 정신활동에 초점을 맞춘 것으로 자신이 관찰하는 대상에 대해 의도가 개입되는 행동을 말한다. 이 접근법은 주로 고기능 집단에 많이 적용된다.

## ○ 치료에서의 현상학

종종 임상에서는 자신의 세계와 그에 따른 스트레스라는 과중한 짐을 지고 찾아오는 사람을 볼 수 있다. 치료자의 인도에 의해 환자가 의도적인 지각과 그의 미술을 연구하는 단계에 들어가면 자신만의 그림이나 조각품을 진지하게 관찰하는 것이 새로운 가능성을 열어 줄 수 있다.

1) 의도성과 의미(Intentionality and Meaning)

의도성이란 내가 보고자 하는 것에 집중하고 있다는 것이다. 이렇게 집중된 관찰로 그 대상이 내 의식에 들어오고 집중하기 전보다는 훨씬 명료하다. 인간은 세계를 자신에게 실질적인 것으로 만드는 계획적인 의식을 가진 계획적인 존재이다. 이 의도성은 아마도 예술이나 과학에서 그러한 것처럼 새로운 세계를 창조해 내고 눈에 안 보이는 것을 보이게끔 만들 수 있을지도 모른다.

## 2) 의도성과 관계(Intentionality as Relatedness)

의도성은 우리의 의식이 항상 누군가에 또는 무엇인가에 연결되어 있다는 것을 의미한다. 즉 다른 말로 의식이 현실 세계로 향해 있다는 뜻이다. 이러한 작업은 감정을 감추는 것이 아니라 일상생활에 자리한 대상에 점차 다가감으로써 일상생활을 좀 더 이해하게 되는 과정을 밟고 있는 것이다. 이것은 자신이 탈출해 온 상황으로 다시 되돌아가는 과정이다.


## 3) 의도성과 신체(Intentionality and body)

우리 의식의 집중은 자신의 감각이 발달되고 의식이 커져 가고 육체가 발달이 되어 감에 따라 세상에 있는 사물들을 구분해 내기 시작한다. 그리고 이러한 능력은 자신의 전 신체에서 나타난다. 관찰은 단지 눈 또는 귀 같은 하나의 독립된 감각기관으로만 이루어지는 것이 아니다.

[출처] 미술치료의 다양한 접근법 |작성자 청청


○ **미술치료의 현상학적 접근(Phenomenological approach to art therapy)**

**가. 미술 재료를 이용한 전 미술놀이(Pre-art play with materials)**: 직접적인 경험

**나. 미술작품을 만드는 단계**: 현상을 창조

**다. 현상학적 직관**: 내담자가 자신의 작품에 대해 느끼는 직접적인 경험을 다루는 것

1) 지각하기 perceiving: 작품의 지각을 증진시키는 단계

(1) **미술작품의 시각적 전시**

내담자가 작업의 종료를 알리면 치료사와 내담자는 그 작품을 편안히 감상할 수 있는 곳에 전시하도록 한다.

(2) **거리두기 〈객관성의 확보〉**

치료사는 내담자에게 뒤로 물러서거나 의자를 뒤로 옮겨서 어느 정도의 시야를 확보하도록 제안한다. 이제 미술작품은 그 자체의 존재감을 갖는 현상이 된다.

(3) **의도적인 감상** 〈선의 성격, 색, 상징, 형태, 패턴 등을 객관적으로 관찰〉

2) 무엇이 보이는가?(what do you see procedure?)

치료사는 단순하게 "당신은 무엇을 보았습니까?" 하고 물을 것이다. 이 질문은 매우 단순하지만 이면에 현상학의 두 가지 근본적인 요소를 가지고 있다. 첫째로 개인의 지각과 의미의 중요성을 강조하는 것이다. 두 번째로 이 질문은 현상학적인 질문을 다루고 있다.

(1) **현상학적 묘사**

(2) **현상학적 노출:** 신뢰를 구축하는 것이 중요하다.


## 라. 현상학적 통합

미술작품과 내담자 삶 사이의 연계성을 알아내는 자기 발견 과정으로 이 역시 세 단계를 거친다.

첫째, 내담자가 자신의 미술작품의 변화를 되짚어 보는 것이다. 두 번째로는 오랜 시간을 거치면서 동일한 내담자의 작품 간에 유사점과 차이점을 찾아보는 것이다. 세 번째로 중요한 단계는 미술 표현에서 찾은 깨달음들이 자연스럽게 실생활로 연결이 된다는 것이다.

# 4. 행동학적 접근법

정신분석학적 치료법은 진단을 하고 병적 증상으로 표현되는 그 이면의 심리적인 원인을 치료한다. 행동학적인 치료의 경우 문제가 있는 행동이란 무의식의 역동관계에 의해 유지되는 내재적 갈등의 증상이 아니다. 그보다 이상 행동은 환경적, 상황적 변수에 의해 유지되고 있는 학습된 현상이다. 그러므로 치료법은 행동을 진단하고 이전의 행동을 변형시키거나 또는 새로운 행동을 가르치는 과정을 통해 이 문제 행동을 변화시키는 것이다. 행동 면에서 원하는 변화를 정의하고 실험, 관찰에 의해 제시되며 이들을 치료과정에서 지속적으로 평가한다. Goldstein에 따르면, 치료에 있어서 행동학의 영향은 두 방향으로 이루어졌다. 첫째는 파블로프의 학습이론에 기초한 것으로 중요 개념은 감성적인 학습에 있다. 다른 하나는 스키너의 방법론으로 관찰 가능한 행동에 역점을 두어 강화 reinforcement를 통해 변화시킨다. 이때 훈련과정에서 US와 NS를 결합시켰을 때 나중에는 NS에 대한 침분비가 US 없이도 단독으로 일어난다. 이때 NS는 조건자극(CS), UR은 조건반응(CR)이 된다.

## ○ Skinner의 조작적 조건(Operant conditioning)

Skinner는 행동이란 그 뒤에 따라오는 일련의 사건들에 의해 강화되기도 하고 약화되기도 한다고 주장한다(쥐를 대상으로 한 전기 자극 실험). 이 일련의 사건들이 긍정적 강화(일차적 강화 요소, 사회적 강화 요소, 일반적 강화 요소)일 경우 대상의 행동은 재발생된다. 그러나 처벌이 가해질 경우에는 행동이 감소하게 된다. 또한 강화를 멈추게 되면(무시) 행동이 소멸된다.

○ Bandura and Walter의 사회학습이론

관찰을 통한 학습과 흉내내기, 즉 사람이 실생활 또는 상징적 모델에 의해 나타나는 행동, 태도이다. 정서적 반응을 재구성하려는 경향성에 주목한다. 다른 사람의 행동을 관찰함으로써 새로운 행동학적인 반응은 학습이 되고 또한 이미 존재하는 행동은 변화한다. 그러므로 모델에 노출되는 것은 부정적이든 긍정적이든 간에 행동의 변화를 가져온다.


## 5. 인지론적 접근법

인지적 접근은 정서장애의 진단과 치료에 연계되어 있다. 정서와 인지는 상호 작용한다. 또래의 아이들을 따라가지 못하는 아동은 부적합하다는 느낌을 가지기 쉽다. 뇌출혈로 언어장애를 얻은 성인의 경우 좌절하고 우울해지기 쉽다. 인지적 접근은 사고뿐만 아니라 긴장을 완화시키고 자기 확신을 세우는 정서에도 관여한다. 이는 사고와 생각을 언어로 표현하는 데 어려움을 겪고 있는 어린이들과 성인에게 특히 적합하다.

○ 미술을 통한 인지능력의 평가 및 발달

수학이나 독해 등에서 기본으로 여기는 개념은 공간(space), 서열(sequential order), 계급(class inclusion)이다. 이 개념들은 미술활동에도 적용된다. 예로 Silver의 그림 테스트(Standardized Tests)가 있다.

1) 예측 그림(predictive drawing): 서열 능력의 판단. 가상의 조건 설정

피아제와 인헬더가 관찰했듯이 성인들은 수평 수직의 개념으로 사고하는 데 너무나 익숙해져 있기 때문에 이러한 개념들을 저절로 얻는 것으로 생각하기 쉽다.

2) 관찰 그림(drawing from observation): 공간 능력의 판단. 높이, 넓이, 깊이

어린 아동의 경우 독립된 한 물체의 단편적인 부분부터 관찰하기 시작하는데 자연스럽게 물체를 세 방향(좌-우, 앞-뒤, 위-아래)으로 받아들이는 조화된 체계를 발달시킨다. 개인은 세 개의 다른 크기의 원통과 하나의 큰 돌을 배열하는 그림을 그리도록 요구되는데 검사자가 수평, 수직, 깊이의 관계를 알고 있는지를 판단한다.

3) 상상 그림(drawing from imagination): 추상적 개념, 창조성, 감정의 투사 능력 판단

개념을 형성하는 능력, 즉 개개를 하나의 그룹으로 묶는 작업은 개인이 선별을 하고 이 선택한 것을 과거의 경험에 비추어 보고 문맥으로 엮어내는 일들이 필요하다.

## ○ 미술치료를 통한 인지적, 창조적 기술의 발달

미술재료와 기법들은 자신의 나이에 비해 인지 능력이 낮은 아동들의 발달을 돕는 데 효과적이다. 목표는 의사소통의 범위를 넓히고, 탐색학습을 하도록 하며, 스스로 만족을 느낄 수 있게 과제를 주고 정서적 균형을 강화하고자 하는 것이다(Silver, 1978).

(1) 그림을 통해 순서 개념 발달시키기

(2) 관찰화를 통해 공간 개념 발달시키기

(3) 자극을 사용한 그림으로 유목 포함의 개념을 발달시키기

(4) 찰흙을 사용하여 공간, 순서, 유목 개념 발달시키기

(5) 그림검사와 미술 기법에 대한 연구


## 6. 발달적 접근

○ 서론

　　미술치료의 발달적 접근은 다양한 관점의 정보에 기초한다. 심리성적(정신분석 개념)과 심리사회적 발달(분리와 개별화 과정) 그리고 피아제의 인지적 성장 연구, 그 외 정상 아동의 미술발달의 틀도 포함한다. 발달의 원리에 기초한 미술치료가 어떠한 종류의 내담자에게나 다 적용될 수 있지만, 특히 장애인 치료와 관계가 있다. 이러한 경향은 일찍이 빅터 로벤펠트(Victor Lowerfeld, 1947)의 미술교육치료를 비롯하여 많은 미술치료사들의 장애아 치료작업에 반영되어 있다. 미술치료를 통한 평가와 치료적 접근은 표현 발달의 초기 수준에서 기능하는 내담자에게 특히 적합하다. 피아제의 모델을 사용하면 '감각운동기'와 '전조작기'에 해당하는 아동들로 정상 아동을 기준으로 출생 후 7세까지의 아동이며, 여기서 다른 것은 심각한 인지적, 육체적, 정서적 결손이 있는 아동들을 치료할 때는 그 두 단계를 보다 세분화할 필요가 있다. 윌리엄스와 우드는 '발달적 미술치료'라는 용어를 처음 사용한 사람들인데, 주로 인지적

능력이나 운동기능은 정상적이지만 정서적인 문제가 있는 아동들을 대상으로
치료하는 경우다.

○ **평가**

평가는 특정 과제를 주지 않고 이루어질 수도 있고 어떤 특정 과제를 통해
이루어지기도 한다.

## 가. 비지시적 접근 기간

미술재료와 미술 외적 재료(예: 물, 면도크림, 콩)를 모두 제공, 내담자가 재
료를 선택할 수 있다.

## 나. 지시적 접근 기간

미술재료와 특정 지시(예: 사람-집-나무 등 표준화된 평가), 단 상징화 능
력이 없는 경우 이러한 측정은 반드시 유용한 것은 아니다.

## 다. 미술 외적 재료를 사용한 구조적 평가

1) 기술 수준과 재료 조직화 정도

발달적 미술치료 평가 회기 동안 아동의 조작이 어느 정도 복잡한지를 평
가하고 내담자가 작품을 만들면, 그것이 그림이든 조형물이든 관련된 영역의

지식을 바탕으로 평가 가능하다.

### 2) 재료에 대한 반응

카긴(Kagin)은 재료의 특성이 어떤 특정한 반응을 산출하다는 것을 알아 다양한 재료를 분류하여 선정하게 한다. 감각별 4재료 분류 '알갱이', '액체', '주조물', '회화' 등이 있다.

### 3) 구조적, 비구조적 회기에서의 반응

분류 후에 내담자가 가장 창조적으로 활동하는지 알아보기-구조적인 회기, 비구조적 회기 모두, 내담자를 평가(퇴행 대 조직화/의존 대 자발성/주의집중 폭)한다.

### 4) 정서표출 능력

-개인의 정서적 표출 능력은 언어적인 면과 비언어적인 면 모두 평가한다.
-상징 이전 환자라 할지라도 자신의 그림을 보고 어떤 느낌인지를, 무엇이 보이는지를 묻는다.
-성인 정신지체의 경우에 나이에 맞는 주제와 연관된 연상(예: 성적 공상)시키기
-내담자의 비언어적 반응 역시 중요한 감정 표현 자료이며 유일한 자료이다.

## ○ 치료(감각운동기)-출생 두 살까지(반사와 운동의 세분화 시기)

### 1) 재료

-영아는 신체적 경험을 통해 다양한 운동자극과 감각자극을 세분, 자신과

타인에 대한 기초적인 정의를 갖는다(영가의 관심사는 엄마 몸과 자신의 몸 또한 재료 탐색).

－재료사용 주된 목적은 '감각, 지각, 운동 영역을 넓히는 데 있다.

－미술 외적 재료는 먹어도 될 정도로 안전한 것들(예: 밀가루, 소금, 향신료, 옥수수가루, 푸딩, 젤리, 국수, 스파게티, 물)을 사용한다.


2) 분화

(1) **사람과의 분화**(예: 언어적이든 비언어적이든 반응이 심하게 제한됨)

(2) **사물과의 분화**(예: 재료를 사용하면서 어디까지 쓸 수 있는지 그 경계를 인식하지 못함)


3) 감각경험

－좋은 감각 경험을 갖게 하고 단순한 운동 도식을 얻도록 한다.

－상징단계 이전의 아동은 감각 정보와 운동 도식 간에 통합이 불가능한 경우

－운동 도식은 대개 때리기, 흔들기, 세게 치기, 큰소리 내기, 밀기, 돌기 등의 감각수준이다.


4) 인과관계 발견하기

감각과 운동을 인식하고 협응시키기 등 반복학습을 통해 발달시키면, 인과관계에 대한 관심이 미술활동에도 드러난다. 장시간에 걸쳐 여러 재료, 즉 물(유동적), 면도크림(변형 가능), 씨앗(입자) 등을 사용하고 9개월이 지나자 스스로 매체를 탐색하기 시작하고 움츠리고 우는 행동도 확실히 줄었다.

○ 치료(전조작기)-2~7세 기본적인 감각 분화, 표상, 상징발달, 언어발달

### 1) 재료

이 시기에는 다양한 재료를 사용할 수 있으며 자기 자신과 대상을 식별하게 되고 감각과 움직임을 결부시키며 환경을 탐색하고 조작하는 데 큰 관심을 보인다.

### 2) 자율성을 촉진하기

전조작기로 가면서 신체가 발달함에 따라 아동은 보다 많은 자율성을 가지고 복잡한 과제를 해내고자 하는 요구와 능력을 갖게 된다.

### 3) 감각분화와 표현을 촉진하기

유아는 전조작기를 거치면서 자신의 감정에 대해 인식하게 되며 자신의 감정과 사건을 구별한다. 분노나 슬픔, 공포 같은 감정은 감정의 분화발달이 되므로 치료사는 특정한 감정을 깨닫도록 도와주어서 다양한 감정의 표현을 유도한다.

### 4) 감각분화의 발달

전조작기에서 감각분화와 지각형성을 살펴보아 감각분화와 지각 형성을 촉진하려면 미술 외적 재료와 미술재료 모두를 사용할 것을 추천한다.

### 5) 상징화 능력의 개발

상징기 이전 단계의 내담자 경우, 상징화 능력의 발달은 모방·연합·접근 등의 과정을 촉진하는 정도에 달려 있다.

# 7. 교육적 접근

○ 미술교육과 미술치료의 공통점과 차이점

미술영역에서 아동과 청소년을 위한 미술치료는 교육적 관점에서 생각한다.

〈공통점〉

(1) 미술이라는 예술 형태를 기본으로 두고 있다.

(2) 미술치료사는 이론과 기법이 미술교육과 미술교수법을 근거로 한다.

(3) 창의성을 미적으로 표출할 수 있는 프로그램, 방법 및 연구가 함께 연구 가능하다.

〈차이점〉

**미술영역**

(1) 학생 전체에게 미술에 대한 이론과 실기를 모두 가르친다.

(2) 그들의 활동에 대해 객관적인 미적 가치를 평가하고 단계적으로 지도한다.

(3) 교육이 체계적이고 미술적 기법이나 숙련을 위한 지도와 평가를 한다.

**미술치료영역**

(1) 전체 아동보다는 개인에 초점을 두고 작업한다.

(2) 미술치료 교육계획 시 변경할 수 있는 개연성이 있다.

(3) 숙련, 기법보다는 개인의 심리적·정신적 문제를 미술로 표현하는 과정이 중요하다.

○ 미술교육−미술교수법적 관점의 발달과 의의

미술치료에 미술교육이 영향을 준 기반을 역사적으로 간단히 살펴보면 다음과 같다.

### 1) 페스탈로치(Pestalozzi, 1746~1827)

교육에서 아동들이 가지고 있는 예술적인 힘을 개발해야 한다는 견해를 가졌다(Richter, 1984; Menzen, 1994). 미술시간이 의무적으로 포함되어야 한다고 주장하고 스스로 그러한 시도를 하였다.

자연에서 미술수업의 방법을 찾았다. 아동들은 감각적 관찰을 통하여 기하의 기본형태와 선, 직선, 곡선, 평행선 등을 연습한 후 형태를 마음대로 사용할 수 있을 때, 미적인 아름다움이 이루어진다. 자연을 보고 소묘를 하는 것이 미술수업의 주된 활동이었다.

### 2) 헤르바르트(Herbart, 1776~1841)

조형활동이 아동의 관찰방식, 행동, 생활에 작용을 하여, 아동의 정서를 고양시키고 미적 감각력을 높이며 도덕적 판단 및 정서적 취향을 발전시킨다고 강조한다. 그는 아동의 감각을 통해 실제적인 경험을 중시하였으며, 이와 관련하여 미술을 교육과 치료수단으로 적용하였다.

### 3) 프로이트의 심층심리학의 영향

이 시기부터 원시미술, 아동미술, 성인과 아동미술의 비교 등이 관심 대상이다. 아동은 어린이다운 감정과 감각을 미술을 통하여 직접적으로 표현하여야

되며, 선과 형태와 색채 등은 그러한 감정을 표현하기 위해 사용된다는 것이다. 아동의 '내면의 눈(Delley, 1986)'에 더 관심, 즉 아동의 본성에서부터 자유롭게 표현될 수 있는 미술교육 방법들을 모색하였다.

### 4) 치젝(Cizek, 1865~1946)

오스트리아의 미술교육가인 그는 아동그림의 형식과 기법은 무엇보다 아동들이 외적인 영향에 방해를 받지 않고 자신들의 욕구에 따라 자유롭게 표현할 수 있어야 된다고 강조하였다.

### 5) 이텐(Itten, 1888~1967)

독일에서 형성된 바우하우스 창립에 중요한 인물로서 종합조형교육의 책임을 맡은 교수인 그는 지적 영역보다 정서적 영역에 의해서 더 많이 표현되는 그림의 운동성과 형태, 인간의 정신과 영혼과 신체의 상호작용이 예술적 성취를 위한 결정적 기준이 된다는 것을 조형교육의 근본적 취지로 삼았다. 그의 저서『색채의 예술』에서 색채의 주관적 경험과 객관적 원리를 화가들의 경험과 직관에 바탕을 두고 연구하여, 미술교육과 미술치료의 이론적 바탕에도 영향을 미쳤다.

### 6) 칸딘스키(Kandinsky, 1866~1944)

예술은 내적 요소와 외적 요소의 조화로운 결합이며, 예술가의 내적인 힘이 예술작품의 형식을 결정한다고 했다. 특히 그는 색채와 형태는 심리적·정신적·육체적 영향을 준다는 것을 합리적이고도 분석적으로 제시하였다. 그는 미술은 다른 감각과도 연관관계를 가지고 있다는 것을 음악, 시, 무용, 연극 등의 매체를 통하여 알 수 있다며, 예술가들의 통합적 상상의 중요성을 주장하였다.

7) 기타 미술교육가들

'예술을 통한 교육'의 저자 **리드(Read)**와 창의성과 정신적 성장을 집필한 **로웬펠러**의 영향이 1960년대까지 이어졌다. 이들은 20년대 듀이 사상에 영향을 받아 예술을 보고 생각하고, 느끼며 창의적인 인간본질을 발전시키는 수단으로 보았다. 여기에서 '아동중심'의 활동구상이 이루어졌다. 이런 관점이 아동과 청소년의 미술치료에 적용되었다. 20세기 전쟁 후 예술가, 미술교육자, 미술치료사들을 통해서 조형의 과정을 중시하는 경향이 새로이 전개되어 완성된 작품의 미적 가치보다는 그림을 그리는 행위자체를 더 중요시하였다(예: 액션 페인팅의 화가인 폴록의 물감을 떨어뜨리는 기법). **루빈**은 아동과 청소년의 미술치료에는 미술교육의 요소가 들어 있으며, 그러나 가르치는 것이 이차적 목적이 되고, 치료가 일차적 목적이 되어야 한다는 견해를 가지고 있다(Rubvin, 1999). 슈테른(stern)의 표현회화(Ausdrucksmalrei)가 많은 관심을 받고 있다.


## 8. 통합적 접근

○ **예술영역의 통합**

가. 통합적 미술치료의 의미

예술치료에 '통합적'이라는 의미를 부여한 것은 1960년대 초부터 연극과 관련하여 음악, 의상, 무대그림, 각본 등 다른 영역의 예술이 함께 이루어지는 현상에 기인한다. 이러한 의미부여는 1970년대 초 유럽에서 '창의적 매체를 통한 치료', '통합적 예술치료와 창의성 치료'라는 개념의 예술치료 형태로 정착되었다. 페촐트에 의하면 통합적 예술치료의 목적은 다양한 치료이론들을 구별 없이 마구 혼합하여 임의적 절충주의가 아니라, 다양한 예술 치료적 접근방식과 매체를 차별적이고 특별하게 적용하는 것이다(Petzold, 1991).

통합적 예술치료는 무엇보다 독일의 통합적 치료, 게슈탈트 치료와 창의성 장려를 위한 프리츠 퍼얼스 연구소(EPI)에서 30여 년 전부터 출발하였다. 이러한 예술치료는 육체적-정신적-영적인 존재인 인간의 총체성에 근거한 심리치료의 관점을 지니고 있다.

이 연구소의 대표인 페촐트는 예술치료를 상위개념으로 두고 미술, 음악, 춤, 동작, 드라마, 시 등의 예술들을 치료에 적용하였다. 그에 의하면 예술치료는 병의 치유와 완화, 인성개발과 확장을 목적으로 한다. Kandinsky(1971)는 미술이 다른 감각과도 긴밀한 연관관계를 지니고 있다는 것을 음악, 시, 무용, 연극 등의 매체를 통하여 알 수 있다고 하면서 예술가들의 통합적 상상의 중요성을 주장한다. 독일 바우하우스의 창립에 중요한 인물로서 종합조형교육의 책임을 맡은 교수이며 대표적인 미술가인 Itten(1888~1967)은 그림의 운동성과 형태, 인간과 정신·영혼·신체의 상호작용이 예술적 성취를 위한 결정적 기준이 된다고 했다(정여주, 2003, 24-27). 이 같은 관점에서 미술치료도 조형활동 전에 무질서한 신체동작을 발산해 버리고 신체의 균형을 이루기 위한 감각체험운동을 통해 신체를 이완하는 것이 필요하다. 인지학의 창시자 Rudolf Steiner는 전반적인 사회활동 및 문화운동에 있어서 예술, 과학, 교육 등의 모든 부분의 통합적 협력이 이루어져야 한다고 했다(김성숙 역, 2001). 이와 같이 신체적·정신적·심리적 측면에서 다양한 기능이 요구되는 미술치료의 경우 여러 매체를 통한 융통성 있는 진행이 필요하다. 그리고 문제행동이 두드러진 아동들을 대하는 미술치료사들은 최소한 다음 몇 가지 사항들을 보편적 경향으로 받아들일 뿐 아니라 이해하고 있을 때 통합적 미술치료가 보다 원활해진다(Muscott, 1988).

## 나. 미술치료사들이 이해해야 할 통합적 미술치료

- 행동 및 정서, 자폐증 문제를 지닌 아동의 증상 및 발달상의 문제점을 인식한다.
- 발달장애 유아들이 전반적으로 불행, 두려움, 슬픔, 성냄 등 정서·인지·사회적 부분에서 자기식의 개별화된 방식들을 지니고 있음을 사전에 이해하며, 그 가운데 미술치료 과정에서 부적응 행동으로 나타날 수 있음을 인식한다. 그러므로 상동행동을 지니고 있거나 익숙한 환경만을 고집하는 집착성을 지니고 있음을 인식한다.
- 문제 행동을 지닌 유아들의 경우, 연령에 적합한 행동이나 자발적으로 사회적 기술을 익히거나 동기유발이 가능할 것으로 섣불리 기대하지 않도록 주의한다.
- 미술치료사는 문제행동들을 수반하는 아동을 적절하게 치료하기 위해 먼저 치료사 자신이 지적·정서적·신체적 준비가 균형 있게 조성되어지도록 해야 한다.

통합적 미술치료의 필요성이 강조되는 집단 미술치료의 경우 여러 대상의 요구와 증상을 해결하기 위해 능동적인 참여와 역동적인 활동을 유도할 수 있는 적절한 매체의 통합이 더욱 필요하다. 여러 가지 예술매체 중 특히 미술매체가 폭넓게 접목되고 있는데, 이는 미술매체의 특성상 다양한 재료를 다루고 광범위한 표현이 가능하여 다른 분야와의 통합이 수월하기 때문이다. 이에 통합적 접근을 하기 위해서는 다양한 이론을 평가할 능력을 갖추어야 한다. 한 이론만 알고 그 이론으로 유래된 몇몇 기법들을 치료대상자에게 기계적으로 적용하는 것은 문제가 크다. 그리고 중요한 사실은 치료대상자에게 치료자가 맞추어야지, 치료기법에 치료대상자를 맞추어서는 안 되는 것이다.

통합적으로 접근함이 필요하기는 하나, 이 또한 논쟁점이 없는 것은 아니다. 심리치료 이론에 따라 인간을 보는 관점이 달라지면 문제의 초점, 개입시기, 개입방법, 개입결과의 평가가 달라진다. 치료사가 일관된 이론적 틀을 가지고 있지 못하면, 치료단계에서 방향을 잡지 못해 혼돈을 겪을 수 있다. 치료진행에서도 일관성을 잃고 중요한 결정사항을 놓칠 수 있기 때문이다. 통합적 접근의 미술치료는 앞으로 지향해 가야 할 새로운 대체의학으로서 더 복잡하고 다양한 문화에서 오는 다다한 문제들을 치료대상자가 직면하고 있는 다양성의 접근으로 적절하게 설명할 수 있도록 하는 치료 프로그램의 개발과 연구가 많이 필요하다고 본다. 때문에 다양한 심리치료와 특수교육 및 예술치료 분야에서 폭넓게 통합될 것으로 여겨진다.

## 다. 통합적 미술치료의 접근 필요성

- 인간 존재의 본질적 다양성
- 인간문제의 복잡성

- 이론에 치료대상자를 적용하는 것이 아니라 치료대상자에게 이론 적용
- 완벽한 이론의 부재

[출처] 빛예술심리치료연구소 | 글쓴이 빛


## ○ 이론 적용의 접층을 위한 치료적 통합


### 가. 세 명의 미술치료 이론가들(Elinor Ulman 글 재해석)


#### 1. 프로이트 학파의 몇몇 특징


1) 인간 본성에 내재한 갈등

인간은 내부적인 갈등을 화해하고자 하는 욕구가 있다. 그러나 우리는 사람에게 있는 갈등과 투쟁을 나쁜 부모, 사회 때문에 희생된 것, 개인이 타고난 열등한 면이라고 보기보다는 인류의 공동 운명이라고 보아야 한다.


2) 승화개념

승화이론에서는 예술과 과학, 영웅적인 자기희생, 문명화된 사회적 행위들이 모두 성적인 에너지와 공격적 에너지에 의해 변용된 것이라고 본다.


#### 2. 미술치료의 세 가지 이론


1) 나움버그

→ 나움버그가 말한 자유연상은 내담자들이 자신의 미술작품에 대해 의식

적으로 해석한 것에 가깝다.

→ 나움버그가 말한 전이는 정신분석에서 말하는 전이가 아닌 치료자와 내담자 간의 치료적 동맹에 가깝다(정신분석가들의 기법).

→ 미술치료를 **미술 심리치료(Art Psychotherapy)**로 본다.

◑ **미술치료의 장점**

▶ **그림과 찰흙을 정신분석 치료에 사용할 경우(장점)**

(1) 말로 표현하기 힘든 꿈과 환상, 내적 경험을 그림을 통해 직접 표현하는 것이 가능하다.

(2) 무의식의 내용을 그림으로 투사하는 것은 언어로 표현할 때보다 쉽게 검열을 피하게 되어 치료과정 촉진한다.

(3) 미술작품은 변하지 않고 영속적이어서 내용이 잊히거나 부인되기 어렵다.

(4) 전이가 더 쉽게 해소되고. 내담자 스스로가 자신의 작품을 해석할 때 자율성이 더욱 촉진된다.


2) 크라머

→ 프로이트 학파의 자아 심리학적 통찰을 사용하여 미술의 질적 문제를 밝힌다.

→ 창조적 과정에 내재된 치유적 속성은 프로이트 학파의 성격 이론에 근거한다.

→ 프로이트 원리에 충실하다. 미술치료를 **치유미술(Art as Therapy)**로 본다.


3) 울만

→ '미술 심리치료'와 '치유미술'이라는 두 개념을 합친 미술치료에 대한 정의

를 찾는 노력을 한다.

→ 미술치료의 분야가 미술이나 치료 어느 한 용어만 지나치게 강조해서는
안 된다고 생각한다.

▶ **울만의 미술개념**

(1) 미술의 동기적 힘은 성격 내부로부터, 혼란으로부터 질서를 구축하는 방
식이다.

(2) 미술은 자아와 세계를 발견하는 수단. 자아와 세계 사이의 관계를 성립
시켜 준다.


## 3. 이론 발달에서의 주관적 요소

→ 나움버그와 크라머, 울만의 어떠한 점들이 프로이트 관점을 취하게 만들
었는가?

→ 나움버그와 크라머, 울만의 어떠한 점들이 자신의 관점 위에 미술치료 이
론을 발달하도록 이끌었는가?


### 1) 나움버그 대 크라머 비교(주리애 역, p.445)

| 마가렛 나움버그(Margaret Naumburg) | 이디트 크라머(Edith Kramer) |
| --- | --- |
| • 1890년에 태어나 뉴욕에서 성장<br>• 아버지는 이민자로 성공적인 기업가<br>• 절충주의, 다양한 원천으로부터 아이디로 종합<br>• 융 학파 치료자에게서 첫 분석받음<br>• 이후 프로이트 학파의 정신분석가에게 치료받았고, 후일에 이것을 자신의 치료 기법(연상작업, 전이에 대한 관심, 억압된 것들의 해방)으로 끌어옴 | • 나움버그보다 25년 늦게 출생<br>• 빈에서 성장<br>• 가족과 친구들 중 다수가 미술과 관련된 사람들<br>• 부모님들은 보수적인 사람들이 아니었고, 중산층에 반기를 든 사람들<br>• 부모님들의 친구 몇 분이 프로이트 학파의 초기 멤버들이어서 어려서부터 정신분석가들과 그 생각에 친숙<br>• 정통적 프로이트 학파와 맥을 같이함 |

| 마가렛 나움버그(Margaret Naumburg) | 이디트 크라머(Edith Kramer) |
| --- | --- |
| • 프로이트와 융, 설리반에 의해 작업에 힘을 얻음<br>• 미술에 대한 이해 깊었으나 미술가는 아님<br>• 교육자로서 심리학자와 미술치료사가 됨<br>• 내담자의 미술작품의 질이 향상되는 원인을 미술이 무의식적 힘을 작동하도록 하기 때문이라고 봄<br>• 미술치료를 언어에 의존하는 다른 치료법에 비해 많은 이점을 가진 독립적인 치료양식이라고 봄 | • 자아심리학에 많은 영향을 받았으나 프로이트 가르침의 핵심적인 부분을 거부하는 이론에 대해서는 수긍하지 않았음<br>• 미술가<br>• 미술적 승화가 미술치료를 가능하게 해 주는 것이라고 믿음<br>• 미술치료를 보조적 치료로 보기도 함(본인의 미술 보조치료사 역할 만족) |

## 2) 울만(Ulman, 1992)의 배경

• 볼티모어에서 성장, 부모님들은 중산층의 자유주의자들이다.

• 부모님 친구 분들은 대부분 교사와 전문직 종사자들, 미술가. 8년 동안 화가로 생활했다.

• 플로렌스 케인과 셰퍼-시머만의 새로운 미술교육법에 이끌려 미술교사가 되길 원했다.

• 내담자들을 대상으로 나움버그와 비슷한 방식으로 미술치료를 하게 되었으나 내담자들 다수가 자신의 그림에 나타난 상징적 내용을 말로 풀어내지 않았다.

• 이디트 크라머의 책을 통해 미술교사로서의 역할과 미술치료가 이질적이지 않다고 느낌. 미술치료 시작 전에 프로이트 학파 분석가에게 분석받은 것을 계기로 프로이트적 입장을 갖게 된다.

• 미술에 대한 경험으로 인해 치유미술을 향한 열정을 갖게 된다.

## 나. 미술치료의 절충적 접근(Harriet Wadeson 글 재해석)

- 절충적이라는 것은 이미 만들어진 옷을 그냥 걸치기만 하고 일하려 하는 것이 아니다.
- 절충적 접근은 힘든 선택을 요구한다.
- 절충적 접근에서 치료는 성장이며 창조적 과정의 연속이다.
- ◗ **미술치료사는 치료하고자 하는 사람과 치료법에 대해 이해하고, 생리적 요인과 사회적 요인 모두를 인식해야 한다. 미술치료사가 치료 과정을 이해하고 의미 있는 방식으로 치료를 이끌어 가기 원한다면, 다양한 원천으로부터 이끌어져 나온 부분들을 반드시 하나의 전체로 통합해야 한다.**

### 1) 치료통합의 사례

■ **수잔의 사례(여성/34세/똑똑하고 능력 있는 교사)**

- **수잔의 절충적 접근틀**

프로이트 정신분석, 게슈탈트 치료, 융의 분석 심리학, 발달론, 실존력, 집단 치료의 이론이다.

(1) 프로이트 정신분석: [01] 전이사용

치료자에 대한 반응을 통해 어릴 적 중요 인물과 관계를 맺고 적응해 왔는가를 인식한다. 치료 상황을 통해 한동안 경험하지 못하던 의존감을 느낀다.

---

[01] 정신분석에서 내담자가 자신에게 매우 중요한 사람에 대해 가지고 있는 감정을 다른 사람에게 전가시키는 과정. 이러한 과정은 정신분석 과정에서 필수적이지는 않지만 정상적인 것으로 여긴다. 분석가는 전이된 역할을 수행하지 않음으로써 내담자에게 자기 자신이 무엇을 하고 있는지 보여 줄 수 있으며, 그런 감정을 일으킨 원래 대상자의 중요성을 발견하는 데 도움을 줄 수 있다.

(2) **게슈탈트 치료:** [02] 꿈의 작업

꿈 작업을 통해 실제로 행동을 해 봄으로써 자신의 감정 상태를 더 깊이
받아들이게 된다. 이미지와 실제 움직임 간의 조화를 꾀하게 된다.

(3) **융의 분석 심리학:** 그림자 개념

수잔의 두 자아(의존적인 아동+화가 나서 반항적인 성인)는 받아들여지
기 어려운 것이라 종종 억압된다. 이러한 억압은 인식되지 않으므로 문제
를 야기한다. 이러한 그림자 요소를 밝은 곳으로 끄집어냄으로써 문제
를 다루어 나갈 수 있게 된다.

(4) **발달론적 이론**

의존적 아동 → 반항적 청소년 → 치료자와의 관계에서 성인으로 성장

(5) **실존주의론적 이론**

수잔은 자신의 감정에 대한 자신의 책임을 인식하면서 자신이 삶의 경험
을 창조하는 사람이며 그것들을 바꿀 능력이 있다는 것을 깨닫게 된다.

(6) **집단치료 이론**

집단에서 개인은 다른 사람과의 관계를 점검해 봄으로써 자기 자신을
가장 잘 이해할 수 있다. 집단은 경험의 보편성을 깨닫게 해 주기 때문에
집단에 속한 구성원들은 혼자라거나 고립되어 있다는 생각을 덜 하게
만든다. 수잔은 민감한 주제(치료자와 자신의 관계 그리기)를 초기에 다
루려는 시도를 함으로써 대인관계에서 강인함(중요한 장점)을 보여 주었다.

2) 향후 미술치료 이론의 방향에 영향을 미치는 질문

• 크래이그가 설명한 것과 같은 불분명한 설명만으로 어떻게 이미지를 이해

---

[02] 정신분석에서 원초아(id)의 소망이 무의식적으로 꿈의 소재로 전환되는 과정.

할 수 있을까?

- 미술치료 이론은 크래이그의 불일치(미술치료사와 다른 사람들을 대하는 태도 불일치)를 어떻게 설명하겠는가?
- 창조성과 관련된 질문(창조성은 어떻게 사람을 변화시키는가? 미술작업의 치료적 본질은 무엇인가? 창조성을 중심에 두는 치료적 관계의 본질은 무엇인가?)

## 3) 짜릿한 절충적 접근

인간의 성장과 행동에 대한 지식+초심리학적 관점+정신병리 및 치료 이론+이미지에 나타난 표현+미술 재료 사용+미술작업을 둘러싼 치료자와 내담자 관계+미술치료에서의 창조성이다.

## 4) 결론

**울만의 미술치료 정의:** 미술치료는 미술과 치료, 두 부분을 성실하게 포괄해야 한다. 미술치료사의 자질은 **예술가적인 능력과 치료자적인 자질을 갖추어야 한다.**

**미술치료사의 과제**는 미술가로서의 정체성과 치료자로서의 정체성을 어떻게 관련시키느냐가 문제이다.

## 다. 미술치료계에서 행해진 이론적 논의

- **첫 번째 전국적 모임:** 미술치료사 자격 기준이 논의(Ulman의 미술치료사 정의를 찬성)되었다.

- **1971:** Garai가 정신분석보다 인본주의 심리학이 정신분석보다 더 미술치료에 적합한 틀이 아닌가에 의문점을 가졌다.

- **1972:** 학술대회에서 '다양한 이론과 다양한 기법의 통합'을 제목으로 패널 토의를 하였다.

- **1974:** 심포지엄에서 '미술치료의 다양한 관점 통합'을 주제로 하였다.

- **1975:** Betensky는 정신분석보다 현상학이 미술치료의 이론적 틀로 적합하다고 말하였다.

- **1981:** Robbins가 상이한 이론들 간의 관련성 연구 '미술치료사의 정체성 확립 과정에서 상이한 이론들을 통합하기' 논문을 발표하였다.

- **1982:** Robbins는 1982년 연구에서 중다적 지향 선호를 언급하면서, '미술치료사는 여러 요인에 의해 상이한 이론적 틀을 가질 수 있다'고 주장하였으며, '중요한 것은 미술치료사가 이론들과 접근들 간의 차이점을 존중하고 서로서로 배울 수 있어야 한다는 것이다'라고 하여, 개개인에 유연하게 반응하는 것의 중요성을 강조하였고, '미술치료사로서 내 직업 정체성은 고정된 것이 아니라 치료 회기와 환자에 따라 밀물과 썰물이 생기는 것처럼 유동적인 것이다'라고 보았다.

## 라. 어떠한 이론적 관점을 선택할 것인가?

### 1) 이론 선택에 영향을 미치는 치료자 변인

#### (1) 개인적 스타일 강조

치료자는 자신의 성격과 작업 방식에 맞는 이론을 선택하기 위해 참된 자아와 화합해야 한다. 자기 분석 단계가 지나면 미술치료에서 성숙되고 창조적 방식으로 자아 사용이 가능하다.

## ⑵ 개방적인 자세

개방적인 자세로 내담자에게 접근하여 상이한 시간에 상이한 내담자를
치료할 때 듣고 지각하고 생각하도록 해야 한다.

## 2) 치료자 성격을 결정하는 데 영향을 미치는 내담자 변인

인지적 양식(지배적인 사고와 표현 양식), 연령

## 3) 이론 통합과 적용 및 학자들의 통합 예

① **자신의 훈련과 경험을 자신이 선택한 미술치료 이론에 통합하였다.**

〈통합의 예〉 베덴스키(임상 심리학자+HTP, 로르샤흐검사+미술치료)

　　　　　크라머(미술 교사+승화+미술치료)

　　　　　실버(미술 교육자, 연구자+인지적 기술+미술치료)

　　　　　아크와 쿤켈-밀러(아동 발달, 특수교육, 재활 〈발달론적 접근〉+
　　　　　미술치료)

② **선택한 이론을 창조적으로 적용하였다.**

라인(인지적 구조에 대한 생각+미술가, 게슈탈트 치료자)

③ **창의적+기존 이론을 뛰어넘었다.**

크라머(승화 → 인성학)

가리이(인본주의 심리학 → 전체주의)

와데슨(절충주의적 접근 → 생물학과 환경의 중요성 언급)

## 마. 미술치료사들의 통합에 대한 견해의 공통점과 합의점

① 훈련과 경험을 자신이 선택한 미술치료 이론에 통합시켰다.

② 선택한 이론을 창조적으로 사용하고 새로운 아이디어를 적용한다.

③ 이미지가 중요하다.

④ 미술치료 과정과 사람은 복잡하다. 미술과 치료 모두 고려. 지적이고 논리적인 접근과 정서적이고 직관적인 접근들은 미술치료 과정에서 느낌과 생각을 통합하고자 한다.

# 미술치료 프로그램 계획과 모형

# Part 03

# 미술치료 프로그램 계획과 모형

## 1. 미술치료 프로그램 계획

미술치료계획은 치료를 효과적으로 수행하기 위한 첫 단계이다. 미술치료계획은 미술치료사의 자질과 밀접한 관련이 있으므로 치료사의 깊이와 다양한 안목과 경험을 필요로 한다. 이런 계획과 진행은 유동적이며 융통성을 요구하기 때문에 대상과 병이나 증상에 따라 변화될 수 있다.

### ○ 대상

초기 면접이나 상담을 통해 미술치료사에게로 위임되는 경우가 일반적인데 일반적인 대상 분류는 유아, 청소년, 성인, 노인으로 구분한다. 또한 치료 목적에 따라 다음과 같이 분류된다.

1) 자아성찰과 성장을 위한 대상

미술작업을 통한 자기 내면과의 만남과 대화의 기회를 가지며, 정체성 확립과 자기 성장을 도모하기 위한 경우, 주로 집단미술치료를 통하여 자신뿐만 아니라 다른 사람들과의 상호작용이 필요한 경우, 아동 및 청소년의 잠재력과 창의성을 개발하기 위한 경우도 해당된다.

## 2) 예방적 차원의 대상

예방적 차원의 대상은 일상의 과도한 스트레스나 정신적·심리적 불안, 고통, 분노, 혼란, 이유 없는 불만, 우울한 기분을 가지고 있어, 안정이 필요한 사람들이다.

## 3) 치료적 차원의 대상

일반적으로 일상생활을 영위하기 어려운 사람들, 병원에서 병으로 진단받은 경우이다.

정신분열증, 학대 아동, 성적 학대 피해자, 에이즈, 우울증, 노이로제, 강박증, 중독증이 해당된다.

## ○ 목표설정

**미술치료를 위한 일반적인 목표**

* 내적 치유와 내적 성장으로 나아가게 한다.

* 관계의 문제를 받아들여 다루고 극복하는 능력을 기른다.

* 자기 내면과의 대화를 하게 한다. 무의식에 잠겨 있던 문제나 기억을 의식화하도록 한다.

* 창의적 경험을 통하여 내적 풍요로움과 융통성 있는 사회적 관계를 맺게

한다.

＊ 자아를 통제하고 자기 통합을 돕는 것은 균형 있는 삶으로 나아가게 한다.

＊ 자기 정체성과 자신감과 사회적 통합을 가능하게 한다.

○ **치료형태**

1) 개인/소집단/집단의 크기

개인 치료 이외에 소집단 치료는 집단크기가 2~4명 정도이다. **집단치료의
집단크기는 8명이며, 가족치료는 가족구성원이 집단이다.**

2) 회기 기간과 시간

환자의 요구와 능력에 따라 이뤄지며, 병원치료에서는 전체 치료계획과 합
의하며, 회기는 단기간(1주일 몇 회), 장기간(몇 개월, 몇 년)으로 나눠지고, 회기
간격은 1주일에 1회 정도, 각 회기마다 개인치료는 1시간이며, 가족치료와 집단
치료는 90분~2시간 정도이며, 오픈 스튜디오나 아틀리에의 경우는 환자가 결
정한다.

○ **치료과정**

1) 초기단계

－초기단계는 미술치료의 전 과정을 풀어 나갈 수 있는 첫 출발점이다.

－환자에 대한 정보를 상세히 파악하고 태도, 표정, 대화 등을 주의 깊게 관
　찰한다.

-진단방법(그림 진단이 좋다)

-신뢰성 형성(감정적, 인지적 기반에 도움 주기)

-치료적 동맹(치료과정 중에 지켜야 할 약속을 하기)

-치료 6단계(증장애와 대면 단계)

-장애단계는 무엇이 문제인가, 대면단계는 어떻게 치료할까?(방향설정, 치료계획)

<치료사를 위한 질문>

* 환자와의 관계를 잘 형성하며, 치료적 동맹의 약속 실천을 지킬 수 있도록 돕는가?

* 현 병 생태에서 미술치료적 개입이 의미 있는가? 어떤 미술치료개입이 필요한가?

* 환자가 재료를 다루는 상태 파악을 잘하고 있는가?

* 조형활동 시 현실적 통제가 가능한가? 이때 특이한 점이 어느 정도 있는가?

* 재료, 작업형태, 시간적 틀에 대한 제약이 필요한가?

2) 중기단계

-개인마다 다음 단계로 가는 정도가 다르고 신뢰가 형성되어 구체적 미술활동에 들어가는 시기로 치료사를 전문가로 인정하며 진지하게 문제 해결을 위해 협력하며 노력을 하는 시기이다.

-반면 심리적·정신적 동요를 나타내며 치료사의 따뜻한 변함없는 관심이 필요한 시기이다.

-환자는 치료사가 자신의 편이라는 믿음이 생기는 시기이다.

-치료사의 계획이나 의도보다 환자 스스로 활동을 주도하도록 해야 하는
데 때로는 계획과 노력들을 쉽게 포기할 수도 있는 시기이다.

-이때 처음보다 더 많은 양의 대화, 긴 시간의 대화를 필요로 하는 시기이다.

-환자가 재료와 기법 사용을 다양하게 선택하며, 주제에 대한 변형도 스스
로 시도하는 시기이다.


## 3) 후기단계

-치료사가 치료목표로 세운 내용들이 이루어지는 시기이다.

-미술치료의 종료를 의식하게 되는 시기이다.

-환자는 이 단계에서 자신에게 집중하기보다는 사회적이고 실제적 면에 관
심을 보이는 시기이다.

-스스로에게 질문하는 시기: "나는 누구인가? 나는 무엇을 해야 하는가?"

-책임질 수 있는 새로운 국면을 맞이하는 시기(Petersen, 2000)

-자신과의 내면 대화가 잘 이뤄지며 타인과 환경에 대해서도 능동적 관계
를 시도하는 시기이다.

-무엇보다 현실세계에 적절히 적응하고 극복하는 능력을 키울 수 있도록
많은 배려가 필요한 시기이다.

-때로는 종료를 내심 두려워하는 시기이고 독립적으로 된 것에 대한 불안감
은 아직 내재해 있는 시기인데 초기나 중기의 불안감과는 다른 시기이다.

-이러한 불안감을 고려하여 횟수를 점차적으로 줄이는 방법과 종료 시기
를 미리 알려 주어야 하며 종료 후에도 환자가 치료 종료 후 겪는 일상생
활을 간접적으로 도움 주어야 하는 시기이다.

## 2. 미술치료 프로그램 모형

○ 미술치료 계획을 위한 모형

가. 교육적 미술치료의 단기계획

아동과 청소년의 미술치료에서는 교육적 관점을 배제할 수 없다.

특히 특수학교나 특수학급에서는 치료적 관점에서 일반수업과 더불어 중·장기간의 계획을 수립하게 된다.

리히터(Richter, 1984)는 교육적 미술치료에서 감각운동영역, 인지영역, 사회·정서적 영역에서의 장애를 감소시키는 계획을 세워야 한다. 그의 견해는 교

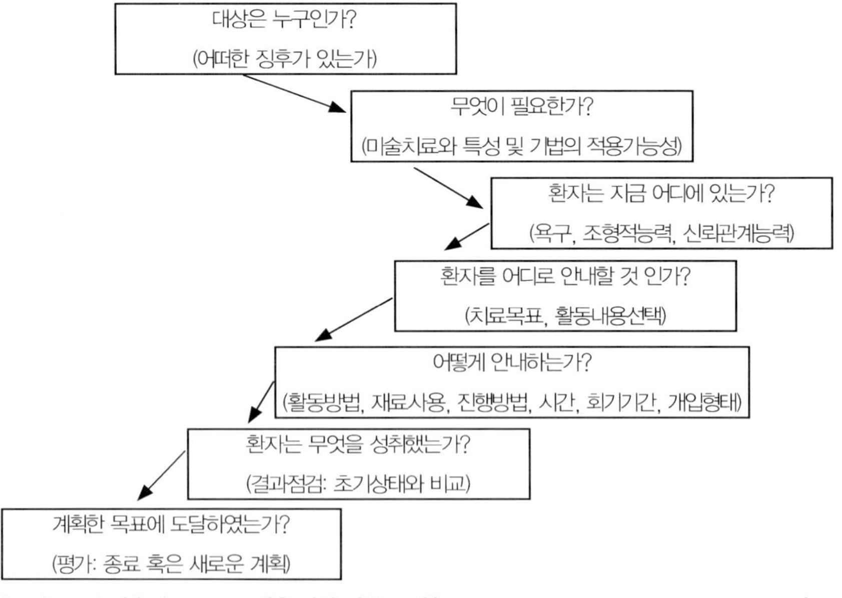


[그림 3 - 1] 미술치료 프로그램을 위한 기본 요인(Aissen - Crewett, 1989; Domma, 1990)

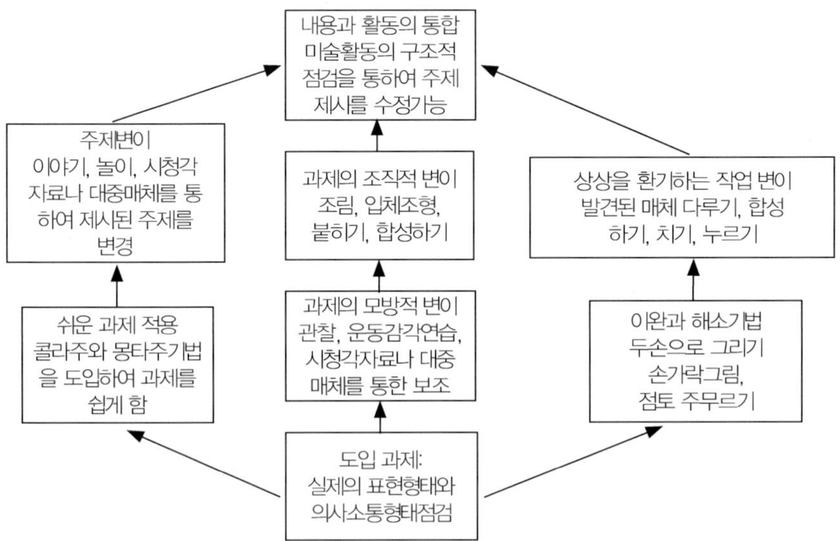


**[그림 3 – 2] 교육적 미술치료 단기계획 모형(Richter, 1984)**

육적 목적은 미적 영역에서 의사소통능력과 일반적 능력을 개발하는 것이 함께 이뤄져야 하며, 이 때문에 출발점과 목표점이 분명해야 한다는 것을 강조했다.

다음은 미술치료 프로그램을 위한 기본 요인을 살피고 단기계획 모형을 제시해 본다.

## ○ 임상미술치료의 단기계획모형

**도마**(Domma, 1990)는 **리히터**의 교육적 미술치료 단기계획모델을 근거로 하여 정신병동, 특히 정신분열 환자들에게 적용하는 임상미술치료의 단기계획 모델을 제시하고 있다. 정신분열증 환자에게만 적용하는 치료모델을 만들었지만 이 모델은 일반 임상치료에도 적용될 수 있다. 도마는 **리히터**와는 달리 6

개의 서로 다른 변이들을 제시하고 있다.

변이사항들은 다양한 관점에 따라 미술재료를 사용하여 내용적인 개입이 된다(Domma, 1990).

단, 그는 자신의 이러한 모델을 적용할 때, 변이 사항들이 모두 실행에 옮겨질 수는 없으며, 각각의 부분적 영역도 아주 제한되어 작용된다는 것을 전제하고 있다.


도마의 모델도 초기단계의 주제들은 진단적 정보를 줄 뿐 아니라, 이러한 정보를 근거로 하여 개인에게 필요한 조건들을 수행하여 나갈 수 있는 것이

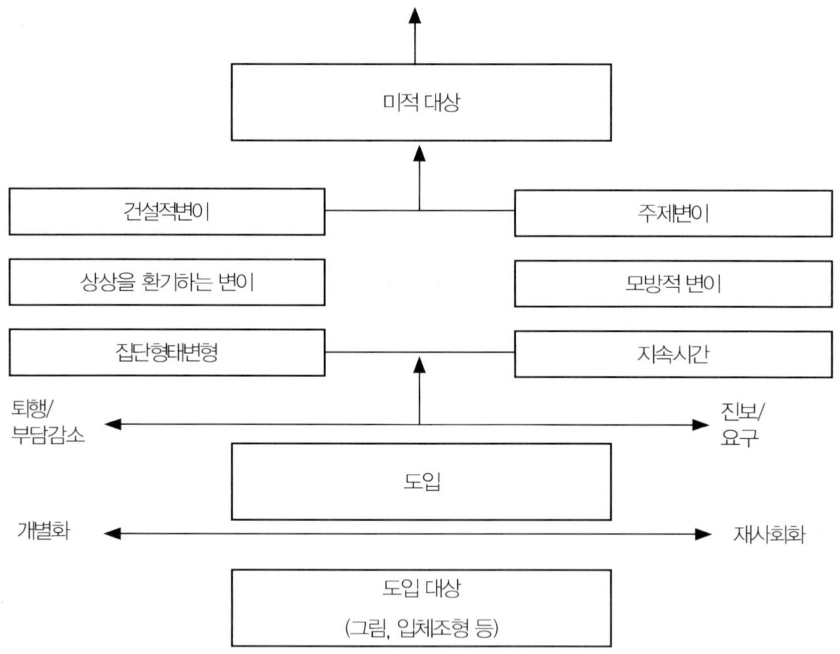


[그림 3-3] 임상미술치료의 단기계획 모형(Domma, 1990)

다. 그는 단계마다 환자들에게 적합한 최적의 자극을 주어야 한다고 제안한다. 이러한 자극은 퇴행과 진보의 양극과 재개별화와 재사회화의 양극 사이를 왕래한다.

## ○ 교육적 미술치료의 장기계획모형

**토이니센(Theunissen)**은 행동장애아동과 청소년을 위한 미술교육 커리큘럼을 통하여 교육적 미술치료의 관점에 입각한 장기적 프로그램 모델을 개발하였다. 행동장애아동 프로그램이기는 하지만 일반 아동과 청소년 전체에 적

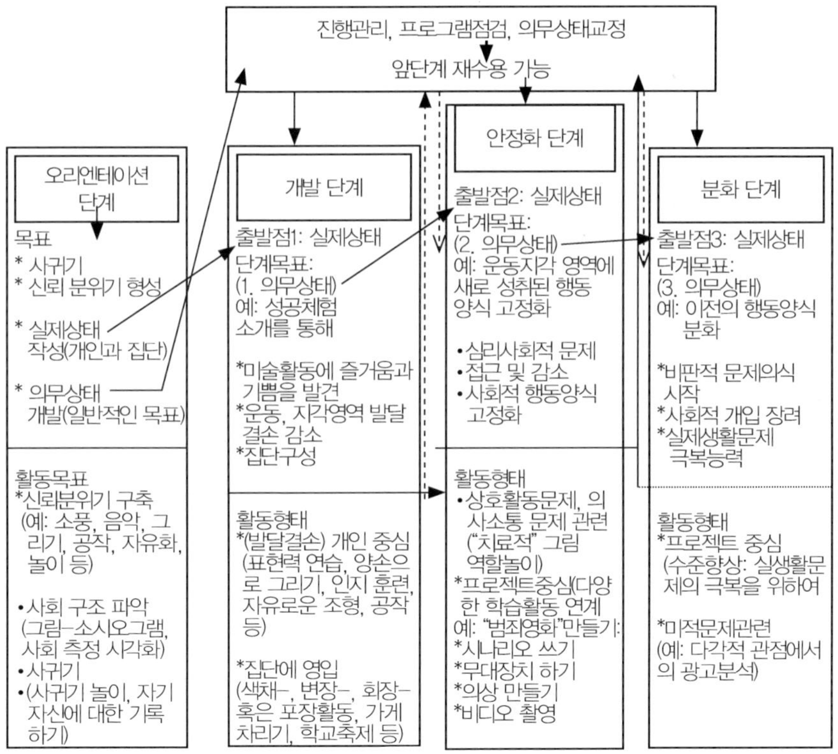


**[그림 3 - 4] 교육적 미술치료의 장기계획 모형(Theunissen, 1980)**

용 가능한 모델이다.

그는 이 모델에서 장기적 프로그램을 네 단계로 구분하여 구체적인 설명은 뒷장에서 각 단계마다 오리엔테이션 단계, 개발 단계, 안정화 단계, 분화단계로 이뤄졌고 각 단계마다 아동 및 청소년의 실제 상태를 출발점으로 하며, 궁극적으로 도달해야 하는 목표를 의무 상태라고 하여, 이 두 부분의 활동을 구분하여 제시하였다.


**토이니센**이 제시한 단계들은 반드시 직선으로 이루어지는 것이 아니라, 역행하여 원상태로 되돌아갈 수 있다는 점을 감안하며, 몇 년이 걸리기도 한다. 개인마다 다다를 수 있는 단계에 대한 시간적인 차이도 있다는 점을 지적하였다.

## ○ 임상미술치료의 장기계획모형

**도마는 토이니센**의 장기계획 모델을 기초로 하여 임상미술치료의 장기계획 모델을 제시했다.

임상모델에서도 실제 상태와 도달해야 하는 의무 상태에 대한 필요성과 그에 적절한 개입형태의 중요성을 인정하나, 교육적 미술치료 모델을 임상치료에 옮기는 데 한계를 제시했다.

임상치료는 교육적 미술치료와는 달리 처음부터 환자의 병에 대한 다양한 단계와 증상에 따라 서로 다른 행동 양식들과 일치하는 치료계획 안에서 파악해야 한다.

초기단계는 기대되는 행동양식과 치료적 출발상황(실제 상태)의 큰 폭으로 인하여, 직접적으로 치료적 효율성과 관련된 계획모델의 한계를 확인하고, 아직까지 비구체적인 오리엔테이션 단계의 특성을 인정하는 것이다.

환자에 따라 첫 단계를 거치지 않고 다른 단계에서 시작하는 경우도 있다.

오리엔테이션 단계에서는 치료사와 환자 사이에 최초의 접촉이 이루어지며,
신뢰 있는 치료적 관계가 구축되고, 환자들과의 첫 번째 단계의 목표를 약속
하고 협정하는 단계이다.

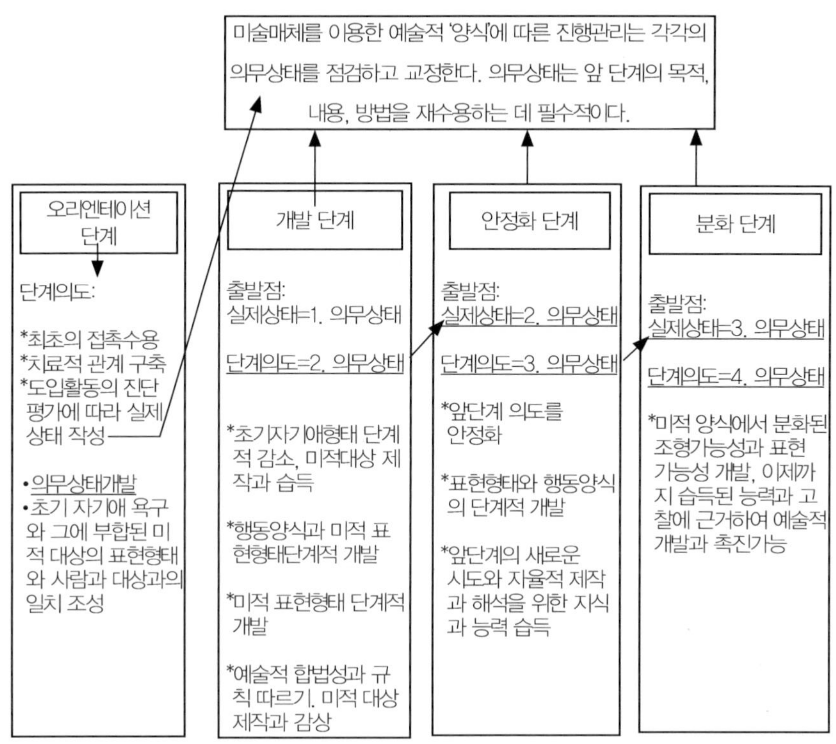


**[그림 3-5] 임상 미술치료의 장기계획 모형(Domma, 1990)**

PART 04

# 미술치료 평가와 해석

# 미술치료 평가와 해석

## 1. 미술치료 평가요인

○ 미술치료 외적 요인

### 가. 재료

1) 재료에 대한 이해

**단순 재료를 선호하는 이유는 다음과 같다.**

(1) 덜 구조화된 재료일수록 환자들의 심리적인 투사가 용이

(2) 실용성(시간적 제한)

(3) 모든 연령이 지시 없이 사용 가능

**단순재료(비구조화) 종류의 이해와 충분한 경험**

여러 종류의 점토, 색 분필, 연필, 여러 종류의 물감, 셀로판지, 색종이, 티슈, 다양한 종이

2) 특성에 따른 미술재료

(1) 통제

① 유동성: 통제가 어려우나 사용이 편리하다 → 물과 물감 등

② 저항성: 통제가 쉽고 정밀하게 표현하는 것이 가능하다 → 연필, 색연필 류 등

(2) 수정

① 가능성: 회복과 변형이 가능하다 → 물과 찰흙 등

② 불변성: 변형이 불가능하고 고착되는 성질이 있다 → 마커류(오일+색)

(3) 농도

① 명확성: 원색, 적은 필압 관계 → 유화물감, 마커류 등

② 불명확성: 비원색, 큰 필압 관계 → 색연필, 파스텔 등

## 나. 환경

〈치료 환경〉

미술치료실을 꾸밀 때 생각해야 될 질문(체크리스트)

_______☞ 치료실은 자연 채광으로 충분히 밝은가? 인공조명이 필요한가?

_______☞ 치료실은 아동의 비밀을 지켜 줄 만큼 비밀이 보장되는가?

_______☞ 치료실 내에 세면대나 개수대가 있어서 물을 사용할 수 있는가?

_______☞ 치료실 내에 탁자와 의자가 있는가? 이젤을 사용하는가?

_______☞ 치료실에 미술재료를 수납할 충분한 공간이 있는가?

_______☞ 치료실에 작품을 말릴 공간이 있는가?

_______☞ 치료실에 아동이 만든 작품이나 이미 완성된 작품을 수납할 공간
         이 있는가?

_______☞ 치료실에 작품을 끝낸 후 토론을 할 공간이 있는가?

_______☞ 치료실 벽을 활용할 수 있는가?


## ○ 미술치료 내적 요인

### 가. 미술치료사

#### 1) 미술치료사가 지녀야 할 신념

대부분 사람들이 자신이 믿는 바를 정당화시키기 위해 이론적 근거에 바탕을 두고자 노력하지만 신념이란 지식과는 같지 않다. 신념은 미술치료사로 하여금 모든 인간은 창조적인 작업을 할 필요·권리·능력이 있다는 것을 고려하는 것이 매우 중요하다. 또 다른 신념은 미술자체에 연관된 것으로 미술치료는 사람들에게 도움을 줄 수 있다는 진실한 믿음이 필요하다.

치료자의 목표가 무엇이고 인간성장이라는 목표를 달성하기 위한 일차적 방법인 미술을 사용할 뿐이며, 궁극적인 목표는 인간의 행복 회복(치료)이다.

#### 2) 미술치료사의 자세

－신념을 가져야 하는 것보다 더 중요한 것은 옳은 사람이 미술치료사로서 필요한 특성들은 창의적인 사고와 관련성이 있다.

−미술치료사의 대부분이 실제 활동하는 미술가이지만, 미술치료사는 작업 시 항상 창조적인 행동을 하지 않는다는 것이 매우 흥미로운 일이다.

−환자를 도와 스스로의 창조적 잠재력을 즐길 수 있게 할 것인지에 대한 도전은 많은 미술치료사에게 미술치료 작업 시 끊이지 않는 자극과 기쁨을 제공하는 원천이 된다.

−미술치료사는 미술작품을 통해 현실상황에서 저항하거나 억압되어 있는 사람들과 관계를 맺는 것을 즐기고 진심으로 인간적으로 행동을 해야 하므로 진실해야 한다.

## 나. 미술치료사의 자질 요약

### 1) 인성적 자질

−진심에서 우러나온 행동과 열정이 있어야 한다.

−치료자의 자기 수용과 자기 존중이 필요하다.

−위기 상황에 흔들림이 없는 능력(자율성)을 가져야 한다.

−공감능력(감정이입 능력)이 필요하다.

−유머감각, 직관력과 통찰력(적절한 대처 능력), 창의성, 정확한 관찰력이 필요하다.

−많은 말을 삼가고 환자와의 대화능력, 비밀보장 책임감이 있어야 한다.

### 2) 전문적 자질

−병의 개념에 대한 다방면의 학문 고찰과 병의 배경을 알기 위한 인간의 이해가 필요하다.

−장애아동 및 청소년을 위한 특수교육의 기반이 필요하다.

−미술실기의 기초적 훈련(소묘, 그림, 점토작업, 목재작업, 조각, 판화 디자인)을 해야 한다.

−미학과 미술사의 지식과 미술활동에 대한 이해와 해석 능력을 갖추어야 한다.

−미술치료사 자신의 행복할 권리 및 행복 치료(지속적인 개인, 집단치료받기)를 받아야 한다.

−미술치료에 대한 계획과 평가에 대한 작업을 문서로 기록하고 있어야 한다.

−치료에 대한 윤리적·법적 책임을 알고 지켜야 한다.

## 다. 내담자의 분류

### 1) 시간의 경과에 따른 분류

사람들이 겪는 문제는 시간적 경과에 따라 일시적 문제와 지속적 문제로 분류할 수 있다. 이 둘을 구분하는 데 있어서 객관적인 시간적 준거가 확실히 서 있는 것은 아니다. 한 가지 주의할 것은 일시적인 문제라 해서 그 문제를 겪는 사람에게 별다른 불편이 없다거나 심각하지 않은 것은 아니라는 점이다. 지속적이거나 반대로 만성적인 문제라 해서 반드시 일시적인 문제보다 더 심각한 것은 아니다. 또 하나 주의할 것은 일시적인 문제라 하더라도 일정한 시간 간격을 두고 되풀이해서 경험되는 경향이 있다면 그것은 더 이상 일시적 문제로 간주될 수 없다는 점이다.

### 2) 발생 원인의 소재에 따른 분류

발생 원인의 소재란 문제의 원인이 개인 내부에 있는지(성격적 문제), 외부에 있는지(상황적 문제)를 말하는 것이다. 원칙적으로 상황적인 문제는 상황적 원인이 해소되어야 문제가 해결되며, 성격적인 문제는 성격상의 왜곡이 바로잡혀야 문제가 해결될 수 있다.

3) 심각성 정도에 따른 분류

전문가들은 심리적 문제를 크게 신경증과 정신증으로 구분하며 다음과 같이 분류할 수 있다.

첫째, 아무런 심리적 문제도 겪지 않는 사람, 즉 정상인

둘째, 신경증적 문제를 겪는 사람

셋째, 정신증적 문제를 가진 사람

## ○ 기타 요인(사례역학 요인)

## 가. 질병 요인

- 상담을 위해서는 아동의 생활 가운데서 드러나는 특별한 질병요인들을 평가하는 것이 중요하다. 질병요인으로는 사회관습적인 것, 환경적인 것, 사회적인 것, 가족적인 것, 개인적인 것, 생물학적인 것, 유전적인 것 들이 있다.
- 상담자는 아동의 정신건강과 현재 나타나고 있는 문제에 영향을 미칠 수 있는 가능성에 대해 살펴보아야 한다.
- 현재 나타난 증상들을 이러한 요인들 중 어느 한 가지로만 설명하기는 어려움이 있다.

-그러므로 아동의 증상에 영향을 미칠 가능성이 있는 구성요소 모두를 점
검해 볼 필요가 있다.


## 1) 사회관습적 요인

-사회관습적 요인들은 시대정신, 도덕적 자세, 편견, 어느 집단에 대한 하위
집단의 배척 혹은 미디어가 창출해 내는 사회적인 가치들과 같은 문제들
을 포함한다(대표적인 예: 섭식장애).
-미에 관한 잘못된 인식이 정상적인 체형과 체중을 가진 사람조차 날씬함
에 대한 잘못된 사회적 선호성 때문에 일어난다.
-그 결과로 다이어트를 병적으로 하여 섭식장애에 걸리는 경우가 종종 있다.


## 2) 환경적인 요인

-환경적인 요인들은 지진 혹은 폭풍우처럼 정신적 쇼크가 큰 환경적 사건
들로부터 새로운 동네 혹은 새로운 학교로 이동하는 것과 같은 문제이다.
-주변 환경의 자극부재는 우울함, 선택적 함구증 혹은 발달장애 등과 같
은 다양한 형태의 부적응을 초래하는 환경적 요인이 될 수 있다.
-분리불안은 환경적인 질병요인으로 생각되는데 분리불안을 겪는 아동들
은 종종 친구의 죽음, 새로운 동네로 이사를 간다든지 혹은 이와 비슷한
상실의 과거를 가지고 있다.


## 3) 사회적인 요인

-사회적인 요인들은 영양실조, 무관심(방치), 아동의 생활환경(도시 또는 시
골), 사회경제적 지위, 매일 매일의 생활에서 오는 스트레스 수준 그리고

이와 비슷한 영향들을 포함한다.

−이와 같은 사회적인 요인은 약물남용과 같은 장애의 발달에 있어 중요한 질병요인으로 생각된다. 공격적인 행동장애와 청소년 비행은 사회경제적 지위와 상호관련성이 있는데 잠재적인 질병요인들이 이와 같은 사회적인 요인과 사회적인 요인으로 인해 일어나는 병리 사이에 연결되어 있다.

### 4) 가족 요인

가족 요인들은 임신에 대한 부부간의 불일치, 형제자매의 출생순서, 세대 간의 갈등, 편 부모하의 정서적 상태, 가족구성원에 의한 아동학대, 부모의 정신병, 다른 가족의 적응과 같은 문제들을 포함한다. 이러한 요인들은 우울증, 행동장애, 반응성 애착장애에서부터 친밀성이 결여된 것에 이르기까지 아동에게 다양한 결과를 가져온다.

### 5) 성격 요인

성격 요인은 기질과 같은 특이한 요소를 포함한다. 어떤 상황이나 스트레스에 적응하는 데 있어서 한 아동의 독특한 스타일로 설명될 수 있다.

성격 요인은 또한 상대적으로 안정된 성격패턴과도 관련된다. 잠재적으로 성격장애의 발달과도 관련되어 있다.

### 6) 생물학적인 요인

생물학적인 요인들은 신경학상의 결함, 생화학약품, 다양한 형태의 핸디캡(신체적, 감각기관), 심각한 정도 혹은 만성질환(예: 측두엽 간질, 뇌염), 임신 기간 동안 모체에 의해서 정신에 영향을 미치는 물질(예: 알코올, 카페인, 수면제)

을 사용하거나 남용한 경우, 자주 발생하는 질환 혹은 알레르기와 같은 다양한 가능성을 포함한다.

## 나. 촉진적인 요인

촉진적인 요인들은 아동의 증상 유발과 상담 시 가족이 나타내는 요인으로 개념화하는 데 있어 매우 중요하다. 때때로 촉진적 요인들은 아동의 행동에 관해서 학교 선생님들이 하는 불평에서 드러나기도 한다. 촉진 요소들은 가족의 관련성을 유발시키는 원인일 뿐만 아니라 어떤 특정한 증상들을 나타내는 데에도 책임이 있다. 그러므로 어떤 요인들은 촉진적인 요소일 뿐만 아니라 질병 요인이 되기도 한다. 예를 들어 부부간의 갑작스러운 이혼은 아동을 극도로 불안하고 위축하게 된다.

## 다. 강화적인 요인

- 아동이 정신병 혹은 행동장애를 발달시키는 질병요인이나 증상을 촉진시키는 것이 무엇인가를 알기 위해서는 그 증상을 지속시키는 원인을 찾아볼 필요가 있다.
- 상담자는 증상을 지속시킬 가능성이 있는 강화요인들을 평가하기 위해서 잠재적인 보상이 증상들 속에 본래부터 내재해 있는 것인지를 진단해 볼 필요가 있다.
- 이러한 것은 문제를 이해하고 상담계획을 세우는 데 유용한 정보를 제공한다.
- 아동이 증상의 본질을 강화시키는 것으로 오해해서는 안 된다.

<표 4-1> 부모의 이혼 후 문제를 보이는 아동에게 나타난 요인

| 요인형태 | 특이한 사례 |
| --- | --- |
| (사건) 질병요인 | 종종 아동과 관련된 고질적인 부부 싸움<br>어머니에 의해서 물질 남용의 내력과 현재에도 남용이 의심됨<br>부모의 문화적 차이점들과 확장된 가족 환경<br>부모님 사이의 종교적 실천과 관련된 갈등<br>외할머니의 지나친 간섭(아동의 프라이버시 존중의 실패)<br>남용 가능성(신체적, 정서적)<br>신체적 그리고 정신적인 방임<br>모순된 훈련과 행동의 결과에 대해 예상하지 못함<br>적절한 본보기가 불가능한 정신적으로 이용할 수 없는 어머니<br>어린 여동생에게 부모의 역할을 해야 하는 어린이의 정신적 긴장감<br>아동이 아버지의 종교적 의식과 문화적 신념을 따르는 것을 어머니가 거부하기 때문에 문화적 소속감이 없음 |
| 촉진적 요소 | 여동생의 죽음/부모의 이혼/아버지와의 접촉이 감소함<br>새로운 동네로 이사 감/감금 투쟁 |
| 강화적 요소 | 위통과 밤에 느끼는 공포감에 대한 어머니의 관심<br>뜻밖의 사고에 대한 부모님의 관심(그는 의료적 혜택을 받음. 그래서 아동이 의학적 관심이 필요할 때 요청함)<br>야뇨증 때문에 친할아버지 집 방문을 피함<br>뜻밖의 사고와 다른 증상들 이후 부모님 간의 일시적인 '휴전'<br>무의식적 행동에 대한 보상을 받으려는 어머니의 훈련 |

-때때로 부모 자신의 행동이 아동에게 충격을 준다는 것을 인식하지 못하는 부모는 문제를 지속시킬지 모른다.

-아버지의 부적절한 선택 혹은 부적절한 중재가 아동의 잘못된 행동을 강화시키고 재발의 가능성을 더 많이 만들게 된다.

<표 4-1>에 나타난 것같이 현재 나타나고 있는 문제들을 발달시키고 지속시키는 데 기여해 온 다양한 요인들이 밝혀지면 이러한 정보들은 아동의 정신 내적인 역학, 가족 역학, 상호 대인 간 모체 역학적인 면에서 아동에 대해 보다 구체적으로 이해할 수 있게 된다.

일단 각 사례의 개념화가 준비되고 나면 상담자에게는 중재(개입)를 위한 뚜렷한 접근 방법이 떠올라야 한다. 상담자는 이와 같은 새로운 이해들을 통해서 개념화와 상담계획을 적절하게 수정할 수 있다.

그러나 재개념화 역시 상담자에 의해 선택된 근본적인 이론적 접근 방법과 일치되어야 한다.


## 2. 미술치료 상담

### ○ 상담 계획

상담계획은 평가와 상담의 처지 단계 사이에 하는 것이며, 상담계획을 조직화하기 전의 상담회기는 평가 단계로 간주되고 상담계획을 조직화하기 전의 상담회기는 상담을 계획하기 위해 내담자를 좀 더 이해하려는 의도를 가지고 하는 것이다. 상담계획이 세워지면 상담을 시작하고 상호작용의 초점은 행동변화 중의 하나가 된다. 문제 행동의 변화는 상담자와 내담자가 공동으로 합의한 것으로 상담목표는 아동과 아동의 가족들과 논의해야 한다. 상담자는 접수 면접을 거쳐 얻은 정보를 개념화 단계를 거쳐 체계화하고 이를 바탕으로 상담계획을 세우게 된다. 상담계획은 다음과 같다.


1) 상담계획 단계

**(1) 단계 1: 문제의 선정**

상담자는 상담과정에서 중점을 두어야 하는 가장 중요한 문제를 찾아내야 한다. 대개 기본적인 문제는 드러날 것이고 이차적인 문제도 분명해질 것이다.

효과적으로 상담계획을 세우려면 문제를 몇 개만 선택해야 하며 그렇게 하지 않으면 상담의 방향을 상실할 것이다. 선택된 문제가 명확해짐에 따라 도움을 찾고 있는 내담자 문제의 우선순위를 고려해서 내담자의 의견을 포함시키는 것이 중요하다.

### (2) 단계 2: 문제의 정의

각각의 내담자가 갖고 있는 문제는 자기 생활에서 행동적으로 어떻게 영향을 미치는지를 보여 준다는 독특한 의미가 있다. 그러므로 상담을 하려고 선택한 각각의 문제가 특정 내담자에게 어떻게 나타나는가를 구체적으로 정의하는 것이 필요하다. 증상의 유형은 DSM이나 ICD와 같은 진단 준거 및 부호와 관련시켜야 할 것이다.

### (3) 단계 3: 목표의 개발

상담계획을 개발하는 다음 단계는 표적문제를 해결하기 위해서 목표를 폭넓게 세우는 것이다. 이 진술문들이 측정할 수 있는 용어로 만들어질 필요는 없지만 상담결과에 대해 바람직한 긍정적인 결과를 시사하는 일반적인 장기목표가 될 수 있다. 보통 각각의 문제에 대해 가능한 몇 가지 목표를 진술하라고 제안하지만 상담계획에서 한 가지 진술만을 요구하는 것은 아니다.

### (4) 단계 4: 목적의 구성

장기목표와는 대조적으로 목적은 행동적으로 측정하는 것이 가능한 언어로 진술되어야 한다. 내담자가 설정된 목적을 성취했을 때 성취한 것이 분명히 나타나야 한다. 그러므로 애매하고 주관적인 목적은 인정되지 않는다.

각각의 목적은 광범위한 상담목표를 달성하는 단계로 개발되어야 한다. 각각의 문제마다 최소한 두 개의 목적이 있어야 하지만 상담자는 목적달성에 필요한 만큼 구성할 수 있다.

### (5) 단계 5: 중재 만들기

중재는 내담자가 목적을 완수할 수 있게 하기 위해 상담자가 구성한 행동들이다. 모든 목적에 대해 최소한 한 가지 중재가 있어야 한다.

만약 내담자가 초기 중재 이후에 목적을 성취하지 못했다면 새로운 중재가 상담계획에 덧붙여져야 한다. 중재는 내담자의 욕구 및 상담 제공자의 충분한 상담 목록을 토대로 해서 선택해야 한다.

### (6) 단계 6: 진단 결정

적절한 진단은 내담자에 관해 충분하게 임상적으로 설명한 것을 평가한 것에 기초해서 결정된다. 상담자는 내담자가 나타낸 행동적·인지적·정서적 대인관계를 DSM-Ⅳ에 서술된 정신질환 상태의 진단준거에 따라 비교해야만 한다.

진단이 신뢰할 만하고 타당한지의 여부는 상담자가 DSM-Ⅳ 준거에 대해 충분히 알고 내담자의 사정자료에 대해 완전히 이해하는지에 의해 영향을 받는다.


### 2) 상담목표

목표는 아동의 상담계획에 따라 세부적으로 목록화되고 상담이 종료되었을 때 조사되는 것뿐만 아니라 모니터 과정에도 사용된다.

목표는 초기면접과 수행된 추가적인 평가를 통해 문제에 맞추어 구체적으로 만들어야 한다.

첫째, 아동의 현재 문제를 재해결하게 하는 것이 이 범주의 목표이다.

둘째, 아동과 아동의 심리적이고 정서적인 적응을 전체적으로 강화하여 다루는 범주의 목표이다.

셋째, 아동이 모든 발달적인 기능(예를 들어 자아발달, 언어발달, 운동신경 발달, 심리사회적 발달)으로 간주되는 아동의 발달적인 궤도를 건강한 지점에 재진입시키도록 도와주는 범주의 목표이다.

현재의 문제를 해결하기 위한 적합한 목표는 아동 상담에서 가장 잘 측정될 수 있고 관찰될 수 있는 목표이다. 그리고 다른 두 가지 목표 범주보다 모니터 과정과 종결 시점을 결정하는 데 더 사용되고 있다. 아동의 전반적인 심리 적응을 강화하기 위한 목표가 측정 불가능하지는 않지만 쉽지도 않다.

상담자의 이론적인 신념을 반영한다. 가족상담자는 최우선적인 목표를 가족구조의 변화에 둘 것이다. 인본주의 상담자는 아동이 진실한 감정이나 응집성을 느끼고 잘못된 자기감정에 대해 자유를 느끼는 방법을 개발하여 이를 확인하기 위해 이러한 목표 범주를 사용할 것이다. 아들러 학파의 상담자들은 아동의 사회적 기술을 향상시키고 잘못된 생활양식과 삶의 목표 수정을 상담 목표로 정할 것이다. 아동에 대한 발달적인 전략을 다루어야 하는 세 번째 목표는 상담자들이 아동에게 발달 이정표를 확립하고 어떤 수준의 성장을 이룰 수 있게 도와야만 한다는 사실을 뜻한다. 한번 명확한 목표가 제시되고 상담자가 이러한 목표를 측정할 준비를 하면 상담은 시작할 준비가 된 것이다. 상담자는 모든 상담목표를 인식하고 주의 깊게 상담목표들을 모니터하는 상담 과정을 거쳐야 한다. 이러한 모니터 과정은 대개 아동과 일상적으로 접촉을 하는 부모나 교사의 도움을 받는 것이 좋다.


3) 상담전략

일단 목표가 확인되고 나면 특정목표를 달성하기 위한 전략을 세우게 된다.

상담자들마다 자신의 이론적 배경에 따라 선호하는 상담전략이 다를 것이다. 통합적 상담이 지향되고 절충적인 시도가 이루어지면서 상담의 전체적인 접근과 개념화에 있어서 일관성이 중요하지만 융통성은 더욱 중요하다. 전략의 사용에 있어서는 경우에 따라서 수정도 가능하고 필요한 전략은 새로 만들어 낼 수도 있기에 언제나 융통성이 있어야 한다.

## ○ 미술치료 상담

### 가. 누가 상담을 하는가?

1) 상담자의 전문적 자질과 인간적 자질

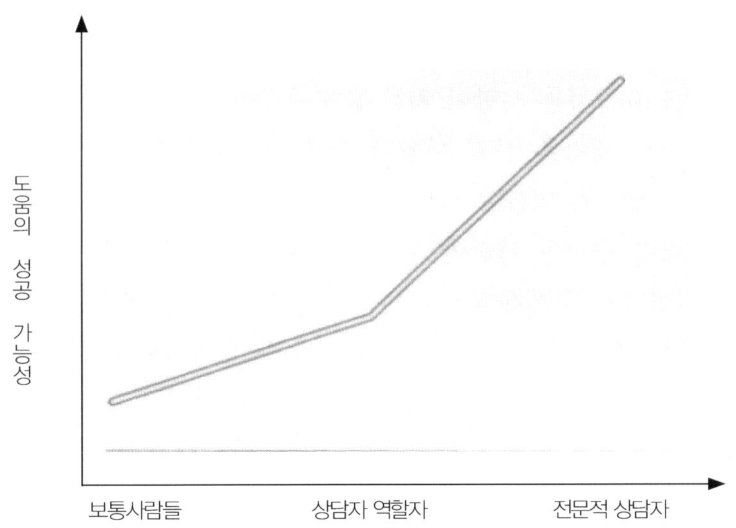

## 나. 누가 상담을 받는가?

### 1) 심리적 문제의 유형

사람은 살면서 누구나 스트레스를 경험한다. 정도의 차이는 있을지라도 스트레스를 전혀 느끼지 않고 살아가는 사람은 아무도 없다. 사람들이 겪는 문제들 중 상당 부분은 상담을 통하지 않고서도 해결된다. 상담의 대상이 되는 삶의 문제들은 여러 가지로 분류할 수 있다. 어떤 문제들은 일시적인 반면, 어떤 문제들은 장기간에 걸쳐 문제가 지속되거나 심지어는 악화되기도 한다. 상담은 사람들이 심리적 문제를 인식하고, 그러한 문제에 대해 상담 전문가의 도움을 요청할 때 시작된다.

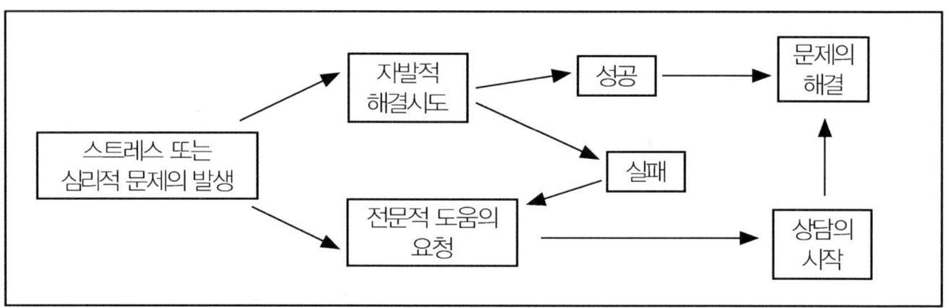


**[그림 4‒1] 상담에 이르기까지 과정(그림출처: 상담심리학의 기초, p.40)**

### 2) 공식적인 정신장애 2가지 분류방식

(1) 미국정신의학회(APA)가 편찬한 『정신장애진단 및 통계편람(Diagnostic and Statistical Manual of Mental Disorder: DMD)』

(2) 세계보건기구(WHO)에서 편찬한 『국제질병분류체계(International Classi‒fication of Disease: ICD)』

두 가지 분류체계에는 다양한 정신장애들의 세부적 특징들이 상세히 수록
되어 있다.


3) 심리적 문제의 세 가지 분류

(1) 시간의 경과에 따른 분류

(2) 발생 원인의 소재에 따른 분류

(3) 심각성 정도에 따른 분류


## 다. 상담은 어떻게 이루어지는가?


상담은 상담자와 내담자가 관계를 맺음으로써 성립되는데, 이를 상담관계
라 한다. 상담관계는 질적인 측면이 있다. 질적인 측면은 상담관계가 질적으
로 어떠한 특성을 지니는지에 관한 것이고, 형식적 측면 상담자와 내담자가
관계를 맺는 방식에 관한 것이다.

상담자와 내담자가 관계를 맺는 형식에는 크게 두 가지가 있다.

첫째, 직접적으로 얼굴을 맞대어 관계를 맺어 나가는 것

둘째, 전화, 컴퓨터통신망, 편지, 방송·신문·잡지와 같은 언론매체 등의 수
단을 통해 간접적으로 관계를 맺어 나가는 것


(1) **대면상담**

(2) **전화상담**

(3) **서신상담**

(4) **사이버상담**

○ 전문적 상담과 일반적 상담

## 가. 전문적 상담과 일반적 상담의 차이점

### 1) 자격을 갖춘 상담자인가?

먼저 상담을 해 주는 사람이 다르다. 전문적 상담의 경우 상담자는 상담 이론과 방법에 관한 체계적인 지식을 가지고 있으며, 이러한 지식을 풍부한 상담 실습과 훈련지도 과정을 거쳐 실제화한 사람들이다. 이들이 진행하는 상담은 효율적일 수 있고 성공 가능성도 높다.

### 2) 내담자가 호소하는 문제에 대한 체계적 평가가 있는가?

상담의 주요 목표는 내담자가 호소하는 문제 증상을 해소하는 것, 그러나 많은 경우에 내담자의 문제 증상은 표면적일 뿐, 그러한 문제를 일으키는 기저의 원인은 따로 있을 수 있다.

전문적 상담자는 겉으로 드러난 증상들이 매우 복잡한 심리적 변환과정을 거쳐서 나온 결과물이라는 점을 이해하기 때문에 내담자가 호소하는 문제와 관련된 기저의 문제들을 체계적으로 평가해 나갈 수 있다.

### 3) 변화를 유발하기 위한 구체적인 절차와 방법이 동원되는가?

앞서 상담방법에 대한 이해와 관련된 부분에서도 밝혔듯이 내담자들이 호소하는 문제는 실로 다양하다. 따라서 상담자는 이러한 다양한 문제들을 효율적으로 해결하기 위해 각 문제에 들어맞는 적절한 상담방법들을 보유하고 있어야 한다. 한두 가지 상담방법을 가지고 여러 범위에 걸친 문제들을 다 해결하려고 해서는 안 된다는 것이다.


4) 상담에 규칙성이 있는가?

상담의 규칙성이란 상담이 얼마나 정기적으로 여러 번에 걸쳐 행해지는지를 나타낸다.

상담에 규칙성이 필요한 이유는 심리적 문제의 해결은 단번에 되는 것이 아니고 시간을 두고 서서히 이루어지는 점진적 과정이기 때문이다. 전문적 상담자는 변화가 이루어지는 과정을 잘 이해하고 있기 때문에 상담에 규칙성을 부여하려 한다. 반면에 일반적 상담자가 행하는 상담은 일회적인 경우가 많으므로 변화를 이루기에는 미흡할 수 있다.


## ○ 상담문제


상담과정은 내담자의 문제에 관한 성격과 상황, 상담자의 이론적 배경, 상담자와 내담자의 욕구나 가치관에 따라 다양하게 이루어지며 간단한 경우는 한두 번의 면접으로 종결하나 심리적인 문제인 경우는 정도에 따라 5, 6회에서 20회 또는 그 이상 몇 년이 걸릴 수 있다. 보통의 경우 아동상담은 3단계로 나누고 각 단계마다 주요 상담기법 또는 기술을 알아본다.

아동상담 개념화와 계획과 일반 개념화와 상담계획이 명확해지는 시점에 이르게 되면 아동, 아동의 가족, 주위 환경, 교사들로부터 이미 많은 정보들이 수집된 상태이다. 상담을 시작하기 전에 아동의 증상을 개념화하고 그것과 관련 있는 상담계획을 조직화하는 것은 중요하다. 상담이 진행되면서 더 많은 정보와 자료가 밝혀지면서 상담계획이 언제든지 수정될 수 있지만 상담이 겉

돌 수 있고 실패할 확률이 높아진다.

## 가. 개념화

개념화는 내담아동과 가족에게 일어났던 일을 이해하기 위해 아동에 관해서 수집된 정보를 정리하여 체계하는 것이다.

### 1) 문제 목록

평가단계에서 상담자는 가족들이 언급하지 않았던 여러 가지 문제들을 기록해야 한다.

#### (1) **정신적인 문제**

정신적인 문제들은 아동의 정서적·정신적·정신내적·개인 간의 적응과 관련된 것이다.

- **정서적 적응:** 공포, 변덕스러움, 우울함, 감정 변화 등 포함한 아동 정서와 기분과 관련됨
- **정신적인 적응:** 환각, 망상, 자각의 착오, 발달지체 등을 포함한 지각, 인식, 의식 혹은 발달에 있어서 병적인 것에 관한 아동의 기능
- **정신내적 적응:** 낮은 자아존중감, 흥미 혹은 관심부족, 악몽, 비정상적으로 손을 씻는 것, **상반되는 감정표현**, 우유부단함과 같은 문제들 포함
- **상호 대인적 적응:** 동료 관계에서의 어려움, 부모와 싸우거나 애착과 신뢰에 있어서 상반된 감정의 병존 혹은 가족과 친구들 또는 다른 사람과의 관계에서 명백하게 드러나는 문제

(2) **사회적 문제**

- **환경적인 문제점:** 명백하게 드러나지 않는 것으로 페인트로 인한 납중독 등의 정신장애와 관련 있는 환경적 문제

- **문화적 문제:** 매스미디어 혹은 생활환경에서 아동의 문화에 대한 적절한 역할모델의 부재

- **종교적인 문제:** 가족구성원들 간의 종교 갈등, 다른 가족 구성원의 종교에 개입하는 것

(3) **의학적 혹은 신체적 문제**

- 의학적 혹은 신체적인 문제들은 명백하게 건강과 사고가 일어나기 쉬운 아동들의 일반적인 수준

- 의학적인 문제들은 심각한 것(예: 만성질환으로 인한 입원)에서부터 가벼운 것(예: 알레르기)에 이르기까지 다양할 수 있다. 정신병력 혹은 발달상의 장애 혹은 지체도 포함

  병세의 심각성과는 관계없이 의학적인 문제들은 이곳에 기록됨

(4) **학업적 문제**

- 학업적 문제는 학교 환경에서 나타나는 문제점들을 말하는 것

- 학년, 역할(임무)의 변화, 예외적인 수행, 학습장애 등과 같은 실제적인 학업적인 업무 수행

(5) **가족 문제**

- 가족 문제는 가족관계에서 일어나는 갈등

- 학업 문제와 마찬가지로 가족문제도 일부 정신적인 문제들과 중복되는 부분

- 이 항목은 단순히 가족구성원들 사이의 갈등을 말하는 것이 아니라 가족

문제에 대한 상세한 서술에 초점을 맞추어야 함

−삼각관계, 세대 간의 교차, 부부간의 다툼, 신뢰의 부족, 이혼경력 등이 포함

### (6) 기타 문제

상담자가 어느 항목에도 적합하지 않거나 명확하게 정의 내릴 수 없는 것이라고 생각되는 것은 기타 문제로 분류하고, 입증되지 않은 의심이 가는 문제들에 관한 고찰을 포함(예: 가족구성원들이 부인하는 아동학대에 대한 의심)


## ○ 상담과정


## 가. 초기단계


1) 주요 상담 목표

① 치료적 환경 마련하기

② 치료적 관계 형성하기

③ 상담목표 합의하기


2) 주요 상담기술

상담 장면에서 상담자는 같은 내담자라 해도 다양한 반응을 할 수 있다. 상담자는 다양한 상담기술 중에서 어떤 것을 선택하여 상담의 목표를 맞추어 사용한다.

① 수용

② 반영

③ 공감

④ 침묵

⑤ 명료화

⑥ 질문

⑦ 비언어적 단서 활용

⑧ 역할 놀이


## 나. 중기 단계


1) 주요 상담목표

① 심오한 탐색과 분석

② 내담자의 세계와 생활양식 이해

③ 상담목표에 도달하도록 돕기


2) 주요 상담기술

① 제안

② 정보

③ 해석

④ 미완성된 생각

⑤ 질문

⑥ 임시분석과 임시가설

⑦ 자기노출

## 다. 말기 단계

### 1) 주요 상담목표

이 단계는 지금까지 목표에 도달하기 위해서 작업해 온 결과와 성취들을 요약하고 평가하여야 하며, 이때 상담자들은 반드시 자신의 문제와 문제에 작용하는 관련된 능력을 이해하는 수준을 평가해야만 한다.

### 2) 주요 상담기술

① 문제해결과 결정 내리기

② 직면

③ 즉각성

④ 격려

**※ 격려를 잘 수행하기 위한 기술**

(1) 능력에 대한 믿음 보여 주기

(2) 노력 인정해 주기

(3) 강점과 장점에 초기 두기

(4) 긍정적인 면에 초점 두기

(5) 흥미에 관심 표현하기

(6) 불완전한 것 보여 주기

(7) 실수로부터 배우기

(8) 소속감 형성하는 긍정적인 방법 배우기

# 3. 진단도구 및 해석

○ 그림 진단도구

## 가. 그림 진단의 역사적 고찰

### 1) 첫 단계 그림에 대한 대규모 검사

그림을 통한 진단이 최초로 적용된 것은 아동 그림이다. 아동화를 척도검사에 적용하기 시작한 것은 19세기 말(대표**연구자**: 쿠크, 리치, 안드레, 페레, 반스)이며 이들 **연구 목적**은 아동의 다양한 측면을 연구하는 것이었다.

**연구 주제**는 아동의 발달단계, 아동의 미적 감각, 아동과 예술, 원시미술과 아동미술의 비교, 아동화의 신체적, 심리적, 기억하여 그리기, 상징서, 왼손 사용한 아동화, 아동화와 지능 등이 있다.

아동화 연구의 주제는 **20세기에** 더욱 구체적, 조직적으로 발전하였다. 대표 연구자들은 1904부터 아동화 검사시도를 하였는데, 이들은 아멘트, 슈이텐, 케르셴슈타이너, 레빈슈타인, 렘프레히트이다. 또한 독일 **모어(Mohr)**는 1906년에 성인 환자그림을 최초로 진단도구로 사용하였다.

### 2) 둘째 단계그림에 대한 일반적인 심리학

20세기부터 심리학적 관점이 큰 관심, 1908년~1928년까지 일반 심리학적 관점(모어, 프린츠호른) **성인그림**에 대한 연구 활발함과 함께 **아동화 연구 역시 큰 비중을 차지하였다.**

**연구 주제** 그림 해체와 감각운동과의 관계, 그림으로 표현되는 직관적 제시, 그림에 대한 전체적 관점, **게슈탈트** 심리학적 해석에 관한 것(그림 그리는 방법보다는 내용, 즉 무엇을 그리는가가 중요)이다.


3) 셋째 단계 성격학적 체계론

1920년대 말기부터 2차 세계대전까지 시기이다.

대표 검사로는 **바르테그** 검사그림 표현을 심층적 해석의 기초하여, 인격상을 체계적으로 연구이며, **비판 감정이론이** 전제되므로 다각적인 면을 증명 불가능하다.


4) 넷째 단계: 프랑크의 검사법과 후속 연구

1939년 **프랑크**가 개발한 검사법이 오늘날까지 그림진단에 영향(투사적 검사의 기초)을 미치고 있다.

검사의 의미는 검사결과를 역동적 과정에 근거한 인성이해를 기록하여 고찰하는 것이다. 특히 개인이 보이는 반응에 더 의미를 둔다.

**투사적 검사에** 대한 관점들의 세분화는 1960년대까지 진행되었다.


5) 다섯 단계: 근거비판

고유한 **인성 진단법인** 투사적 방법의 이론과 실제의 빈약에 불만을 가진 **대표학자는 스벤젠, 로벡이다.** 이들은 전체적 판단이 가장 신뢰할 만하며, 그림의 질적인 정도와 그리는 능력에 대한 항목이 평가**코피츠**의 인물화를 채택하였다.

**연구 주제로**는 아동화의 심리학적 요소와 지각적·인지적·언어적 발달에 대한 발달이론, 자극상태, 검사자와 피검사자의 상호활동에 대한 것이었다.

6) 여섯 단계 체계적인 사고

검사와 피검사자의 입장에 대한 새로운 관점 대두로 두 사람 사이의 관계, 즉 피검사측면을 중시하여, 환자의 서술, 연상, 성찰, 평가, 검사방법의 다양성을 추구하였으며, 또한 연구과정에서 행동관찰이 중요한 자리를 차지하게 되었다.

## 나. 그림 진단의 장점과 문제점

1) 장점

-검사대상자 혹은 환자가 쉽게 그림을 그릴 수 있다.

-다른 어떤 검사 도구보다 간편하고 경비가 적게 든다.

-그림이 언어적 진술보다 편안(검사 시 이완된 상태)하게 다가갈 수 있는 매체이다.

-진단이 치료적 관점까지 영향을 끼칠 수 있다.

-그림이 진단도구로 발전 가능하고 개인의 진술로 그 안에 의식, 무의식 내용이 포함된다.

-검사자 혹은 치료사와 접촉을 부드럽게 하며, 매개체가 된다.

-언어적 치료법의 보완해 줄 수 있는 도구(다른 심리치료, 상담 시도 보조 도구)이다.

2) 문제점

-임상가들의 충분히 풍부한 지식과 지혜와 경험을 바탕으로 진단에 접근해야 한다.

-검사의 양적으로 신뢰성의 문제가 있다.

−검사의 타당성 문제(연습의 효과, 시대, 문화와 교육의 차이에 따른 문제)
가 있다.

−그림 진단의 근거를 제시할 수 있는 이론적 배경이 결여되어 있다.

* 그럼에도 불구하고 그림 검사가 인기가 있는 이유는 환자의 내적 경험을
개인적으로 표현하는 출중한 자료가 될 수 있다. 특히, 치료사와 내담자,
환자 사이에 상호역할이 중요하기 때문이다.

## 다. 진단방법

### 1) 지시적 진단 방법

검사자가 구체적인 주제를 제시함으로써 쉽고 간단하게 할 수 있어 선호되
지만 검사대상자는 검사자의 의도를 알게 됨으로써 경직되거나 고의적인 그림
이 나올 수도 있다.

### 2) 비지시적 방법

주제를 제시하지 않고 자유롭게 그리는 방법으로 검사자의 의도에 매이지
않고 자유로운 분위기를 느끼며, 낯섦과 경직성을 감소할 수 있다. 임상현장
에서 미술치료사들이 많이 사용하는 방법이다.

## 라. 진단평가의 해석

진단을 위한 그림검사에 대한 평가와 해석방법은 많은 검사자들에게 논의
와 관심의 대상이다.

1) 자연과학적 모델

-치료효과는 자연과학적 원칙(설명적·세밀화·합리적·실험적·양적·방법적
  원칙)에 따른다.

-기계적 조작의 효과는 간소화된 과소해석의 위험성을 지니고 있다.


2) 정신과학적 모델

-**이해의 차원**, 전체적·비합리적·현상학적·질적·실존적 해명 등 검사자가
  참여하는 입장이다.

-**인적인 결정** 투사적인 과도해석의 위험성이 있다.

* 과거 정신의학, 신경의학에서 진단과 평가 시 자연과학적 원칙이 우위였지
  만 치료적 작용 가능성의 한계가 있음을 경험했다. 정신적 관점에 입각한
  진단과 치료에 관심 증가, 즉 검사대상자의 지능·정서·사회성·신체 발달
  등 측정도구사용과 그림 진단의 그림양식, 색채, 공간 사용, 필적 등의 사
  용과 검사대상자와 검사자의 상호관계, 행동관찰, 면담 등도 중요한 요
  인이 된다. 이러한 해석을 위해서는 전문적 훈련과 지식이 필수적이며 나
  이, 성숙도, 정서적 상황, 사회·문화적 배경, 개인적 상황을 잘 고려해야
  한다.


## 마. 진단에서의 주의점

-진단을 위한 그림검사에서 주의해야 할 점은 **검사자의 자질이다.**

-무엇보다 **검사의 목적을 분명히** 알아야 하며, 검사과정에 대한 훈련과 객
  관적 해석에 대한 지식이 겸비되어야 한다.

-검사자는 검사상황에서 **중립적 태도를** 지키며, 지시사항을 자의적으로 바꾸는 일이 없어야 한다.

-검사일시와 시간, 검사를 받든 조건(적절한 공간, 채광상태, 건강상태, 방해요인)을 **최적의 상태에서** 검사받도록 배려해야 한다. 검사대상자가 낯선 상황에서 이완되도록 '**정서적 분위기**'를 만들어 준다.

## ○ 진단종류

미술 치료사들이 개발한 진단은 치료 초기에만 제한되지 않고, 작업의 결과보다는 과정을 중시하는 미술치료의 목적에 근거하여 **종합적 진단의 방법**, 즉 **초기 단계, 중기, 후기진단을** 위한 수단으로 많이 사용되고 있다.

- **투사적 검사**
- **주제 있는 검사:** 인물화 검사, 집-나무-사람, 동적-집-나무-사람검사, 가족화, 동적 가족화, 나무그림검사, 신체이미지, 빛 속의 사람
- **주제가 없는 검사:** 그림보충검사, 자유화, 난화

## 가. 인물화 검사

인물화 진단의 최초 적용 학자는 미국의 아동심리학인 **굿이너프** (Goodenough)이다. **1926**년 그녀는 지적 측정을 하기 위하여 그림을 통한 지능측정방법공안을 내놓았다. 아동은 사람을 그리는 것을 통해 아동 발달상태의 객관적 평가와 지능평가를 하는 조건이 된다.

1) 인물화의 진단 및 해석

(1) 신체도식과 자의식으로서의 인물화 특징

(2) 인물화의 인성영역과 정서적 측정

### A. 맥호버의 인물화 검사(DAP: Draw-A-Person-Test)

정신분석학적 관점에서 인물화를 연구한 임상심리학자인 그는 투사적 방법인 인물화 검사를 고안하였다.

* **검사의 지시** "한 사람을 그려 보세요." 그 다음에 "다른 性을 그려 보세요."

* **재료** A4용지, 연필, 지우개

* **적용 영역(성인):** 심리적 자화상, 인격상, 신체도식, 불안·신경증적 갈등

### B. 코비츠의 인물화 검사(HFD: Human-Figure-Drawing)

정신분석과 자아-심리학에 영향을 받은 그녀는 인물화 검사가 아동의 지능발달요인 외에도 정서적 요인도 파악되어야 한다는 주장(IQ 평균 또는 이상이라 해도 정서검사는 심각한 정신적 인성의 문제로 평균 이하로 나타났다)

2) 검사의 지시

사람의 전체 형상을 그려라. 그림을 다 그린 후 **3가지** 질문

(1) 네가 그린 사람은 아는 사람이냐?

(2) 이 사람 나이는 몇 살이지?

(3) 지금 무엇 하니? 무엇을 생각하고 있지? 기분은 어떤가?

3) 적용 영역(아동 청소년): 심리적 자화상, 인격상, 신체도식, 불안·신경적 갈등, 본능충동

## (1) 신체도식과 자의식으로서의 인물화 특징

| 1. 크기<br>자의식과 주도성 | 압도적으로 큰,<br>작은 형상 | 자신감 결여 |
| --- | --- | --- |
| | 작은 형상 | 소심한 아동 |
| | 형상 크기 차이 | 행동장애 아동 〉신경성 아동, 우울증 성향 〉일반아동 |
| | 매우 큰 형상 | 내적 제어의 결여, 과도한 언행과 성향 |
| 2. 신체형상 배치 | 왼쪽 상단배치 | 불안과 관련/왼쪽: 소심하고 성취능력이 약한 편<br>* 오른쪽 손이 우세한 경우는 일반적으로 왼쪽 편에… |
| | 아래쪽 가장자리 | 행동장애/가장자리: 발육부진, 지체장애 |
| | 위쪽 배치 | 상승된 욕구, 운동성 조정 미숙, 계획성의 미비 |
| 3. 옆모습 | 옆모습과 심리적 특이성과는 관계없다는 견해/기피하고 망설이는 경향이 있는 견해 | |
| 4. 형상의 기울기 | 바닥 쪽으로 기운 경우: 악성 뇌종양(신경의학에서 많은 관심)<br>* 형상이 많이 기우는 것은 병과 관련이 있음<br>* 건강아동과 행동장애아동과 차이를 보이며, 학업성취도와도 연관 | |
| 5. 선 처리 | 필압의 증가 | 스트레스를 표명 |
| | 분명한 윤곽선 | 건강한 상태 |
| | 여러 번 긋거나<br>끊어진 선 | 불안 표시 |
| 6. 지우기 | 음영처리와 비슷한 의미 | 불안척도/또 다른 연구자들은 불안과 상관없음 |
| 7. 음영의 처리 | 팔의 음영 | 공격적 충동/손의 음영: 도벽경향 |
| | 얼굴의 음영 | 매우 혼란한, 부정적 자아상 |
| | 신체부분 음영 | 그곳을 가리고 싶은 욕구 |
| | 신체의 부분 음영은 그 부분에 대한 불안이며 강할수록 더 불안<br>사람의 형상을 돋보이고 생동감 있게 하기 위한 기법으로도 단순히 사용 가능 | |
| 8. 생략<br>방어와 후퇴척도 | 신체의 중요한 부분 삭제 | 심한 퇴행과 관련 – 정신분열환자에게 자주 보임 |
| | 눈 생략 | 현실도피/입 생략: 사회적 접촉기피(언어적) |
| | 팔생략<br>손 생략 혹은 잘림 | 적개심이나 성적 충동에 의한 죄책감<br>불안정, 부족감, 열등감, 무능력감, 거세불안<br>뇌를 다친 장애아동과 청소년에게서 자주 보임 |

| 9. 투시화 | 옷을 입은 상태에서 신체부분 투시 | 미성숙, 충동성, 행동발산, 갈등요인, 불안<br>* 관련 없다는 학자도 있다. |
| --- | --- | --- |
| 10. 왜곡 | 불안전한<br>지체 결합 | 강한 충동과 죄책감/욕구불안에 대한 인내심 부족 |
| | 신체의 심한<br>불균형 | 충동자제력의 결여, 공격성 |
| | 짧은 팔<br>(대인관계 문제) | 자신의 내부로 후퇴하고 숨으며 충동을 억제 |
| | 긴 팔<br>(타인과의 접촉) | 목적 달성이나 소유하려는 노력, 공격성 욕구 |
| | 옆으로 향하는<br>눈길 | 불신, 편집증 경향 |
| | 꼬고 있는 다리<br>두 다리를 붙은<br>상태 | 성적 문제, 본능적 욕구자제,<br>쇼크가 되는 성적 경험<br>정숙함이나 모범적인 자세 |

## ② 인물화의 인성영역과 정서적 측정(코피츠 연구)

| | |
| --- | --- |
| 1. 충동성의 문제 | 신체의 불균형, 큰 형상, 목 생략, 투시화, 미숙한 통합 |
| 2. 불안정, 부족감 | 기운 형상(12도 이상), 아주 작은 머리, 잘린 손, 괴물이나 기괴한 형상, 팔과 다리와 발의 생략 |
| 3. 불안 | 얼굴, 신체와 혹은 지체에 음영 처리, 손과 목의 음영 처리 다리가 붙어 있는 형태, 구름, 비, 날아다니는 새 |
| 4. 소심함, 부끄러움 | 아주 작은 형상, 짧은 팔, 몸에 바짝 붙어 있는 팔, 코, 입 생략 |
| 5. 의기소침, 낙심, 은거 | 치아, 긴 팔, 큰 손, 벗은 형상, 성기 |
| 6. 분노, 공격성 | 어긋난 눈동자 |
| 7. 초등 저학년 미숙한 학업 성취 | 통합성의 미숙함, 15도 이상 기운 형상, 괴물이나 기괴한 형상 |
| | 3~4개의 형상을 즉흥적으로 그림, 신체, 팔, 입의 생략 |

| 8. 불안을 나타내는 척도 | 유별나게 큰 머리/사람이 너무 큰 경우, 작은 경우 |
| --- | --- |
| | 머리카락에 강한 음영 처리/아주 큰 손, 손가락 |
| | 비정상적으로 큰 눈이나 음영이 많이 든 눈이나 사시를 그린 눈 |
| | 길이가 다른 두 팔/신체에 붙어 있는 아주 긴 팔, 아주 짧은 팔 |
| | 유별나게 손에 음영을 처리/자신과 동일한 성의 형상 처리 |
| | 먼저 다른 성 그리기 |
| | 사람이 15도 이상 기운 형상 |
| | 투시화 사용 |

## 나. 나무그림

나무그림을 처음으로 심리검사의 보조도구로 생각하여 적용한 사람은 스위스의 직업상담가인 **유카**(Jucker)로서, 그는 1928년 이래로 내담자에게 나무를 그리는 것을 적용하였다. 그 후 독일의 신경과 의사인 **비트겐슈타인**(Wittgenstein) 박사는 집중적으로 나무그림검사를 적용한 결과 환자들의 당시 상황이 나무그림과 흡사함을 발견하였다(비트겐슈타인 지수).

**코흐**는 1946년 이래 많은 나무그림을 분석하여 인성을 파악, 특히 아동들에게는 인성뿐만 아니라 성장발달 검사로서 나무그림검사를 완성하였다. 또한 최면상태에 어린 나이로 돌아가서 나무를 그리게 함으로써 연령에 따른 나무 특징에 대한 자료를 작성하였다(개인적 삶의 내용, 즉 전기적 상황과 개인의 성격 파악, 나무가 개인의 무의식적인 감정까지 반영). 나무그림검사는 정신병리학과 신경병리학 분야에서도 이용하고 있으며, 해석의 기준은 **필적학**(Grapholigie)**적 원칙에** 따른다.

1) 검사를 위한 지시

"당신이 그릴 수 있는 과일나무 한 그루를 그려 보세요."

2) 변형

너무 교과서적으로 그려졌거나 또 다른 관점에서 검사가 필요한 경우는 나무를 여러 번 그리게 추천할 만하다. "다시 한 번 더 과일나무를 그려 주세요." 그러나 "이번에는 이미 그린 나무와는 다르게 그리세요." 가지가 없는 경우는 "가지가 있는 나무로 그려 주세요."

3) 재료

A4용지, 연필(H, HB, B)

4) 관찰

그리는 과정 기록, 시간 재기, 지우개 사용 정도 관찰

## 다. 나무 그림의 진단 및 해석

| | | |
|---|---|---|
| 1. 뿌리 | 선 뿌리 | 정상아동은 별로 표현하지 않음, 저능아일수록 선 뿌리를 많이 그림, 원시인들은 선 뿌리를 표현함 |
| | 이중선 뿌리 | 근원적인 것, 원시성, 단순소박, 본능과 충동에 관련, 무의식에서 생긴, 보수주의, 정지, 억제, 냉담, 집착, 발판을 찾는, 불안정하고 절제 없는, 충동소모, 이중적 삶<br><br>* 뿌리를 나무보다 크게 그리는 경우는 정신질환자, 알코올 중독자 등 자신의 정신적 발판을 그리는 경향 |

| | 종이 아래 끝에 바로<br>놓인 곧은 밑줄기 | * 12세까지는 정상<br>* 그 이후 나이: 아직 어린이 같은 세계상을 지닌, 세계가 좁은, 미성숙한, 부분적으로 소아병적, 융통성이 없는 |
|---|---|---|
| **2. 밑뿌리** | 왼쪽이 넓은 밑줄기 | 억제, 시작하는 것이 어려움, 제동, 과거집착, 어머니에게 메인 |
| | 오른쪽이 넓은<br>밑줄기 | 권위를 혐오, 불신, 조심성, 타인에 대한 저항, 고집, 다루기 힘듦, 무뚝뚝한 |
| | 밑줄기가 넓은 형 | 만 7세까지는 정상적 표현, 억제, 억압, 학습의 장애, 낮은 이해력과 사고력, 발달 장애, 느리거나 확실한 |
| **3. 줄기 형태** | 원추형 줄기 | 초등학생에게 나타남(1학년생)<br>졸업 후: 이론보다 실무에 강함, 실무자, 실행가, 수공예 기질 |
| | T자형 줄기<br>(과일나무에<br>전나무 줄기) | 단순, 소박한 성격, 억센, 건장한, 본능적, 충동적 성격 객관화와 상대화 능력 부족, 경쟁적, 경험욕구 |
| **4. 줄기 윤곽선** | 짧게 그은 선<br>끊어진 줄기 선과<br>가지선 | 예민한, 신경질적인, 비약적 흥분을 잘하고 광적인, 폭발성의, 신경질적, 충동적, 인내심이 부족한, 성급한 |
| | 왼쪽, 오른쪽이<br>불규칙 | 내적으로 상처 입기 쉬운, 정신적 쇼크, 갈등과 고통 경험 |
| | 물결모양의 줄기선 | 생동감이 있고 건강한 생명력을 표현, 활력, 어려움 회피 |
| | 불명료하고 해체된<br>줄기선 | 감수성, 민감성, 상승된 감정 이입, 개성 상실 |
| | 돌기부분(혹)이나<br>베어진 줄기 | 돌기: 병이나 사고로 인한 쇼크와 상처(주관적 경험)<br>베어진 줄기: 열등감, 죄의식 |
| | 줄기나 가지의 한<br>부분이 불룩해지거<br>나 수축된 경우 | 수줍어하는, 억제, 경련, 폐쇄, 움직임이 없는, 감정이 없는, 감정 정체 |

| 5. 줄기표면 (껍질) | 뾰족한, 모가 난, 세로줄이 여러 개 그려진 표면 | 감동을 잘하거나, 상처받기 쉬운, 사나운, 깐깐한, 화를 잘 내는, 과격한, 비판적인, 불평이 많은 |
|---|---|---|
| | 곡선, 둥근 혹은 활 형태 | 접촉이 용이한, 접촉욕구, 적용의지, 매력적인 |
| | 얼룩, 반점이 있는 표면 | 쇼크, 상처, 불명확, 자위 |
| | 왼쪽에 음영이 있는 줄기 | 쉽게 몽상에 빠지는, 내향적 경향, 억제된 민감성과 상처 |
| | 오른쪽에 음영 | 교제능력, 적응의도/사춘기 때는 자주 바뀌는 경향 |
| 6. 가지 | 파이프형 가지 | 미지의 것에 매력 느낌, 발명욕구, 운명론적, 다재다능, 자율성 결여, 결정력 부족, 갈피를 못 잡는, 영향 잘 받는 |
| | 병렬 가지 | 조화로운 병렬: 균형, 분명함, 명랑, 휴식, 무감각<br>부조화 병렬: 동요되기 쉬운, 솔직한, 변덕스러운, 산만한 |
| | 끊어진 가지나 줄기 | 비약적, 부주의한, 성급한, 즉흥적, 충동적, 독선적 |
| | 땜질가지나 땜질줄기 | 조합력 결여, 비약적, 이해력 부족, 강요된 노력의 불화 |
| | 휘어진 가지 | 약한 표현: 자기훈련, 신중한, 소심한, 자기부인, 감정 억제<br>강한 표현: 강박성 노이로제, 경직성, 부적응, 불안증세 |
| | 너무 늘어지거나 휘어진 | 지적 성취력 결여, 결정력 결여, 산만한, 방황하는 |
| | 오른쪽 치솟은, 왼쪽 하락 | 외적으로는 명랑하나 내면적으로는 자신감 부족, 우울함<br>치솟는 가지: 열정, 극단적, 경솔한, 비교능력 부족 |
| | 말뚝, 받침대, 보조대 필요 | 안전요구, 자주성 결여, 자신감 결여 |
| | 삼차원 가지 (정면으로 나온) | 재능, 발명에 재능이 있는, 독창성, 성취 능력 있는 |
| | 섬세한 가지 | 과민한, 높은 감수성, 예민한 반응력 |
| | 가시 모양의 가지 | 공격성, 자기 공격, 방어자세, 날카로운, 민감한 |
| | 가는 줄기에 두꺼운 가지 | 거친, 조잡한, 난폭한, 무례한 |
| | 굵어지는 가지, 평행선 가지 | 야망가, 창작욕, 외향적, 경험욕구, 활발한 충동력 |
| 7. 풍경 | 정취가 있는 분위기 | 공상적, 정서적, 그림재능, 다변, 수다스러운, 명상, 사색, 현실도피적, 현실성 결여, 정신병자에게도 자주 나타남 |

| 8. 첨가물 | 새집, 먹이통, 새알, 새, 사람 | 장난스러운, 익살, 명랑한, 빈정거리는, 짓궂은 |
|---|---|---|
| 9. 의인화 | 수관이나 가지에 사람모양 | 어린 아동들의 그림에 자주 등장, 광고그림, 정신병자 그림 |
| 10. 꽃 | | 현재를 만족하는, 역사적 사고 능력, 자기 찬사에 빠진, 버릇없는, 성취보다는 허식이 많음 |
| 11. 잎사귀 | | 관찰능력과 재질, 시각적 재능, 이해력 있는, 성공을 중시하는, 어린이 같은, 허영심 |
| 12. 과일 | | 성숙, 관찰력과 묘사력, 자기능력과시, 성공과 명예욕, 자아도취, 현실과대평가 |
| 13. 떨어진가지, 과일, 나뭇잎 | | 상실, 희생된 파멸, 쉽게 풀어질 수 있는, 쉽게 의견을 말하는, 섬세한, 예민함, 감수성, 포기하는, 확고함의 결여, 선물·증여의 충동, 주의력이 느슨한, 피상적인, 잘 잊는 |
| 14. 싹, 봉우리 | | 성장의 연기나 정지 상태, 겨울잠 암시 |

## 라. 가족화

인물화와 나무그림처럼 자주 적용되며, 내담자나 환자의 가족에 대한 정서적 관계 및 상태를 알아보고 특히 미술치료에서는 진단과 치료적 목적을 위해서 많이 적용된다. 많은 학자들의 여러 가지 형태로 개발되었다.

### 1) 가족 그리기

가족 전체를 그린 검사 형태가 **애펄**(Appel, 1931)에 의해서 개발되었고 가족화에 대한 해석은 주로 정신분석학적 모델을 기반으로 한다.

| 검사를 위한 지시 | "당신 가족 모두를 그려 보세요." |
|---|---|
| 재료 | 종이, 연필, 지우개 |
| 적용영역 | 어린이나 부모가 경험하고 있는 가족사항 파악하기 |

| 해석 | 사람의 이름을 물었을 때 대답을 안 할 경우 가족관계로 유도해서 가족화의 해석은 사람의 크기, 위치, 표현과 형태 등을 주로 본다.<br>자신이 그림 속에 없을 경우는 소외된다는 느낌을 받는 경우로 해석 |
| --- | --- |

## 2) 원 가족화

원 가족화는 가족화의 변형, 1991년 **뮈시크**에 의해서 개발된 것이다.

| 검사를 위한 지시 | "각각 가족 구성원에 해당되는 원을 그리세요." "원의 크기를 다양하게 그리고 어떤 원이 어떤 구성원인지 말해 보세요."(원끼리 밀착되고 겹쳐도 됨) |
| --- | --- |
| 재료 | 종이, 연필, 지우개 |
| 적용영역 | 가족 – 자기 – 그림 |

## 3) 동물 가족화

동물 가족화에서는 가족관계에서 느끼는 아동의 정서적 상황을 파악하기 위한 검사로서, 동물을 그리라는 지시가 덜 위협적으로 느껴질 수 있다. 이 검사는 **브렘-그레저가** 1967년에 개발한 것으로 동물의 특성을 인물의 특성에 투사하여 그 인물이 지니는 특성의 방향을 파악하는 방법이다(동물가족을 그린 후 동물의 긍정적인 면과 부정적 특성을 말하게 하여 자료를 갖고 개발하였다).

| 검사를 위한 지시 | "너는 동화에서 사람이 동물로, 동물이 사람으로 바뀌는 것을 알고 있지. 지금부터 너의 가족을 동물이라 상상하여 그려 보아라."<br>그 후에 각각 번호를 쓰고 동물들이 가족 누구인지 아래 써라. |
| --- | --- |
| 해석 | 그림에서 동물의 선 처리, 그림의 순서, 동물의 집단 분류, 동물의 표정 등을 통해서 가족의 특성과 아동과 가족관계를 알 수 있다. |

| | |
|---|---|
| 그림기준의 예 | 1. 확실하고 끊어지지 않는 선: 호의적 감정/음영은 이성보다는 감정 우세 |
| | 2. 동물을 그린 차례: 본인과의 특별한 의미관계 |
| | 3. 동일 동물이나 다양한 동물로 표시: 땅과 하늘/힘 센, 힘이 약한 |
| | 4. 크기: 의미적 관점과 관련<br>매우 큰 형태(긍정의미 – 감동능력, 자의식/부정의미 – 경박성, 현실감 결여)<br>매우 작은 형태(특별함, 철저함, 신중함, 자신감 결여) |
| | 5. 동물의 위치: 가족의 위치 |
| | 6. 동물의 특성: 코끼리(힘, 지혜, 평화, 행운), 말(신뢰, 생명력, 위험한 힘), 사자(힘, 빛, 용기, 야행성), 뱀, 개(신뢰, 도움, 수호), 토끼(모성, 생산력, 불안, 겁쟁이), 새(능동적 정신, 인식, 지혜, 새 종류에 따라 다른 의미), 호랑이(힘, 야생성) |

## 4) 마술가족화

마술가족화는 **비어맨(1973)과 비어맨 & 코스-로베스**(1986)에 의해 개발된 것이다.

| | |
|---|---|
| 검사를 위한 지시 | "한 마술사가 나타나서 너의 가족에게 마술을 걸었어요. 마술에 걸린 가족을 그려 보세요." 그 후에 이야기를 구성하게 한다. |
| 적용영역 | 문제가 있는 가족에서의 어린이의 역할: 가족 신경증에서 무의식의 갈등을 상징적으로 묘사하게 된다. |

## 5) 동적 가족화(K-F-D)

**번스와 카우프만**(1970, 1972)에 의해서 개발되었다. 동적 가족화는 가족 구성원들의 전형적인 활동을 그리게 하여 가족 간의 상호작용과 문제를 파악하게 하여 해결하는 것이 목적이다.

| 검사를 위한 지시 | "종이에 가족 전체를 그리는데 각자 지금 무엇을 하는지를 생각하며 그려 보자. 몸 전체를 그리도록 하자. 막대기 사람이나 익살스러운 형태들은 표현을 삼가자." 그린 후 그림에 대해 대화 나누기 |
|---|---|
| 적용영역 | 아동과 청소년들이 가정에 가지는 관계를 파악할 수 있다.<br>가까움과 거리감, 정서적 분위기, 즐거운 – 우울한 가정, 소속감, 신경적 장해 등을 알 수 있다. |
| 변형 | 존스(Jones)는 1985년 동적 가족화와 같은 기법으로 동적 동물 가족화(AKFD)를 개발하였다. |

## 마. 집-나무-사람(H-T-P) 그림 검사

집-나무-사람 검사(House-Tree-Person-Test)는 **벅**(Buck)과 **해머**(Hammer: 1969)가 고안한 투사적 그림 검사 기법으로 **벅**의 지능검사에 대한 보충으로 개발되었다. 집, 나무, 사람의 세 가지 대상선택은 인간에게 가장 친숙한 소재로 자유롭게 그림으로 억제된 정서를 나타낼 수 있다. **3장 종이** 각각에 집을 먼저, 나무, 마지막으로 사람을 그리게 하는데 그 이유는 형태묘사에서 가장 단순한 것부터 그리는 것을 원칙으로 한다. 그림의 크기, 종류, 형태, 첨가물과 색칠 여부는 그리는 삶이 결정한다. 그림의 해석은 각각 달리한다(연령, 개인적 이력과 병력).

| 검사를 위한 지시 | "집 한 채를 그리세요." "나무 한 그루를……." "한 사람을 그리고 그 옆에 성이 다른 사람을 그리세요." |
|---|---|
| 적용영역 | 벅에 의하면 환자의 개성, 신체도식, 신경증적 갈등, 방어기재와 지능검사 |

1) 해석

(1) **집**

집을 통해서 자신의 인물상 혹은 집안 상황에 대한 아동의 이해와 가족 상호 작용 간의 역동성을 말한다.

| | | |
|---|---|---|
| 1. 세부묘사 | 기본묘사 | 문, 창문, 벽, 지붕, 굴뚝 |
| | 중요하지 않은 묘사 | 꽃, 보도 등 – 이런 묘사는 불안정이나 상호인간관계에서 자제욕구를 나타내는 주변환경을 더 강력히 조직화하려는 욕구 |
| 2. 굴뚝 | 굴뚝 생략 | 굴뚝은 친밀한 관계나 때때로 성기를 상징<br>심리적 온기의 결여, 중요한 관계에 있는 남성에 대한 갈등 |
| | 매우 큰 굴뚝 | 성적 관심의 강조나 성적 표출 경향, 힘에 대한 관심, 따뜻한 가정에 대한 걱정 |
| | 연기가 많이 나는 굴뚝 | 내적 긴장 |
| 3. 문 | 땅바닥에 접한 문 | 내적 결여/자물쇠가 있는 문: 방어 |
| | 문의 생략 | 타인에게 자신을 개방하는 능력이 매우 부족 |
| | 매우 큰 문 | 과도한 의존심/측면으로 나 있는 문: 회피 |
| 4. 울타리 | 정서적 보호에 대한 욕구 | |
| 5. 추녀의 홈통 | 불신, 방어 | |
| 6. 아래 부분 | 가정과 자신에 대한 친밀한 관계에 대한 근원적인 불안정 | |
| 7. 아래로 본 집 | 집에 대한 거부, 이룰 수 없지만 바라고 있는 가정적인 것을 느끼는 감정<br>위로 본 집: 가정적인 것을 거부 | |
| 8. 지붕 | 매우 큰 지붕 | 환상에서 만족감을 찾음/음영 있는 지붕: 양심, 죄책감 |
| 9. 블라이드 | 닫힘: 극도의 방어와 은혜/열림: 인간관계에 민감하게 적용할 수 있는 능력 | |
| 10. 보도, 통로 | 매우 긴 보도<br>집에서 길까지 통로 | 붙임성이 매우 적음, 신중한 접근<br>사회적 상호작용/집에서는 가늘게 시작 다른 쪽은 넓은 : 피상적 우정 |

| | | |
|---|---|---|
| 11. 창문 | 창문 생략 | 적대감이나 은거, 편집증적 경향/많은 창문: 개방성, 환경과 접촉욕구 |
| | 바닥부터 시작한 | 현실과 환상 사이의 격차/매우 작은 창문: 환경과의 접촉욕구 |
| | 커튼이 있는 창문 | 신중한, 자제하는, 집치장에 관심/커튼 없는: 거칠거나 직접적인 행동 |
| 12. 방 | 방의 강조 | 긍정적·부정적 경험, 특별한 방과 그린 사람과의 동일시 |
| | 화장실 | 화장실을 강조하면 개인사를 연결하여 생각: 프로이트의 항문기 성격을 나타내는 인색함, 까다로움, 강박적인 청결, 도피 |
| | 침실강조 | 은신처(우울증의 사람에게 자주 그려지며 어둡게 보임), 환자의 방 |
| | 부엌과 식당 | 양육장소, 구강기적 사랑의 욕구, 의존성/거실: 사회성 강조 |
| | 일하는 방의 강조 | 일중독 증세/더럽혀진 방: 자아와 가정에 대한 적대감 |
| 13. 벽 | 튼튼한 벽: 건강한 자아/얇은 벽: 약한 자아 | |
| | 밑면의 강조 | 뿌리를 내리고 싶은 욕구, 현실성의 욕구 |
| | 수직면의 강조 | 환상적인 삶의 욕구 |

## (2) 나무

나무그림을 통해서 개인 삶의 내용, 즉 전기적 상황과 개인의 성격을 읽을 수 있다.

나무그림이 사람보다 더 정신 병리적 항목들이 많이 있으면 더 부정적 상징을 보이며, 사람그림이 나무보다 더 정신 병리적 항목을 가지면 긍정적 상징으로 본다.

| 1. 매우 큰 나무 | 공격적 경향/매우 작은 나무: 열등감, 미비한 가치 인식 |
|---|---|
| 2. 약한 선 | 무능력감, 미결정 |
| 3. 과장되게 강조한 줄기 | 정서적 미성숙/과장되게 강조한 뿌리: 정서 반응은 피상적, 판단력 미비 |
| 4. 흉터, 옹이구멍, 잘린 가지 | 사고, 병, 강간 등의 쇼크를 연상 |
| 5. 기저선 생략 | 스트레스를 받기 쉬운 성향/기저선은 있으나 뿌리 없는 경우: 억제된 정서 |
| 6. 매우 어두운 강한 음영 | 적대적인 방어행동이나 공격적 행동, 불안 |
| 7. 섬약하게 꺾인 선 처리 | 나타나 보이는 불안 |
| 8. 옹이구멍 | 성적 상징<br><br>* 작거나 마름모: 여성의 질과 관련<br>* 작으며 단순한 형태: 성적 침해(강간)나 첫 경험<br>* 강하고 진한 윤곽: 강한 쇼크의 영향<br>* 동그라미들이 있는 옹기: 과거의 경험과 치유<br>* 큰 옹이: 성행위와 관련<br>* 작은 동물이 들어 있는 옹이: 분만에 대한 양가행동 |
| 9. 완벽한 대칭: 강박적 통제 욕구 | * 작거나 마름모: 여성의 질과 관련<br>* 작으며 단순한 형태: 성적 침해(강간)나 첫 경험<br>* 강하고 진한 윤곽: 강한 쇼크의 영향<br>* 동그라미들이 있는 옹기: 과거의 경험과 치유<br>* 큰 옹이: 성행위와 관련<br>* 작은 동물이 들어 있는 옹이: 분만에 대한 양가행동 |

## 바. 동적-집-나무-사람-그림 검사(K-H-T-P)

**번스**(1987)는 집-나무-사람(K-H-T-P) 그림 검사를 보완하여 집, 나무, 사람을 한 종이에 그리게 하여 세 요소의 상호역동성을 파악하는 동적-집-나무-사람(Kinetic-H-T-P)의 그림검사를 고안하였다. 예를 들어, 동적 가족화와 학교화 등 상호연관성을 지니고 있으며 그림분석은 발달심리학, 인본주의 심리학, 융의 그림분석과 꿈의 분석과도 연계를 맺고 있다.

## 사. 빗속의 사람 그리기(Draw-A-Person-in-the-Rain)

이 검사는 인물화 검사의 변형으로 외적인 스트레스 요인을 비가 오는 상황으로 상징화하여 그 속에 사람이 보이는 자세를 그림으로 관찰하려는 것이다. **에이브람스(Abrams)와 아힘(amchim)**이 공동 고안자이다.

### 1) 검사목적

임상에서 환자 개인의 강점을 측정하는 것. 예를 들어 "이 환자는 힘든 상황에서 어떻게 반응을 하는가?" "이 사람은 불안스러운 상황을 이겨내기 위하여 개인의 어떤 잠재력을 사용하는가?" "어려운 상황에 대면하기 위해서 어떠한 방어기재를 사용하는가?" 등을 알아보기 위함이다.

### 2) 진단 결과

스트레스를 받으면서도 자신이 그렇게 무기력하지 않고 두려워하지 않는 사람은 대부분 비옷이나 비를 피하는 옷 혹은 우산을 펴고 만족한 표정을 짓는다. 반면에 조그마한 불안에도 심하게 반응하는 사람은 아주 겁에 질렸거나 무기력한 상황을 그린다. 상황적응을 다양하게 알기 위해서는 인물화 검사를 병행하는 것도 유익하다.

## 아. 난화

### 1) 즉흥 난화

난화에 대한 연구는 아직 많지 않다. **타카하시(Takahashi)**는 즉흥적으로 그리는 난화를 통해서 감정의 상태를 연구하여 1995년 다음과 같은 증명을 하였다(Sehringer, 1999).

### 2) 난화 검사

이 검사는 **뫼리스**(Meurisse, 1948, 1956)와 **뵐켈**(Voelkel, 1958)이 개발하였다.

| 검사를 위한 지시 | 뵐켈 검사 | "당신의 이름을 종이의 가운데 쓰세요."<br>"연필을 내려놓지 말고 계속해서 그만할 때까지 낙서를 하세요." |
|---|---|---|
| | 뫼리스 검사 | "당신의 이름을 쓰고 그 위에 2cm 지점에 한 개의 점을 찍고 그 곳에서부터 계속하여 낙서를 하세요." |
| 적용영역 | 인성구조, 자아의 방어기재(항문기), 차별진단, 정신역동, 남근기 극복 | |

| 감정 | 그래픽의 특성 |
|---|---|
| 1. 분노, 화 | * 지그재그, 뾰족한 형태/ * 반복적 선들<br>* 전체적 인상: 부드러운 가는 선 |
| 2. 기쁨 | * 곡선적, 원 모양의 형태/ * 반복된 선<br>* 전체적인 인상: 둥근, 가는 선 |
| 3. 고요, 평온 | * 수평선/ * 반복이 없음<br>* 전체적인 인상: 부드러운, 가는 선 |
| 4. 우울, 의기소침 | * 음영, 빗금 친 선들이 종이를 메움/ * 구부러지고 아래로 내려온<br>* 전체적인 인상: 가는 선 |
| 5. 인간적 에너지 | * 위로 행하는 삼각형/ * 반복적 선들<br>* 전체적인 인상: 폭발적인 |
| 6. 여성성/여성적 성향 | * 구부러진 선/ * 십자형태/반복 없음<br>* 전체적인 인상: 부드러움 |
| 7. 병 | * 특정한 타입의 형태가 다른 것에 덮어씌운다/ * 반복 없음<br>* 전체적인 인상: 부드러움 |

### 3) 난화 그리기(The Scribble Drawing)

**위니코트**(영국, 정신분석학자), **케인**(미국, 여성 미술교육가)이 치료와 진단적 접근을 위해 시도하였다. 낙서에서 그림으로 변화되는 것이다.

| 위니코트 | 빠르고 두려움을 주지 않는 의사소통 방법 – 곡선 만들기 게임 – 연필, 종이 |
|---|---|
| 케인 | 미술표현에서 자유로움과 자발성을 자극시키기 위한 것 – 낙서 기법 – 준비 호흡과 준비운동을 한 후에 큰 종이에 파스텔로 낙서하기 |
| 헤이즈 | 점 찍기 기법(낙서가 어려운 어린아이들을 위한 것)<br>– 위의 두 방법 중에 선택한 다른 방법 |

## 자. 이야기 그리기 놀이

그림을 그리기 싫어하거나 그림을 못 그린다고 걱정하는 어린이, 청소년, 성인에게 자기표현을 쉽고 자연스럽게 하기 위한 것으로 고안되었다.

이 방법은 그림과 이야기를 접목하는 것으로 소아과의사이며 정신과 의사인 **가벨**(Gabel)의 소아정신과 의사인 **위니콧**(Winnicott, 1971)과 **가드너**(Gardner, 1975)가 개발한 방법에 아이디어를 얻어 전문잡지에 발표(1984)함으로써 알려지게 되었다. 상호작용 놀이인 '이야기 그리기 놀이'의 기법은 상담과 치료의 도입부에 적용된다. 기능의 장애를 가진 성인에게도 적용된다.

| 검사를 위한 지시 | 검사자가 먼저 단순한 선을 긋고 피검사자에게 그 선을 이용하여 그림을 완성하게 한다. "이 사람은 누구니?" "여기서 무슨 일이 일어나니?" 등의 질문으로 대화를 이끌어 주고 그 후에는 피검사자 스스로 선을 긋도록 하여 그림을 보충하게 한다. 서로 바꾸어 대화를 위한 그림을 계속 그려 나간다. |
|---|---|
| 적용영역 | 두 사람이 그림을 그리는 중에 신뢰관계가 형성, 점점 강한 상호활동이 이루어진다. 이러한 상호관계와 함께 진단을 위한 자료를 얻게 되며 피검사자는 자신이 보호된다는 느낌을 가지게 된다. |

# 차. 종합검사를 위한 투사적 검사

종합적 검사방법은 치료대상이 되는 개인문제 관점, 잠재 능력관점 모두 한 작품만으로는 그 사람을 평가할 수 없다는 견해에서 출발했다. 이 검사는 주로 미술 치료사들에 의해 개발되었으며, 구조적 검사와 비구조적 검사가 있다.

| | | |
|---|---|---|
| 1. 울만검사<br>인성평가절차<br>(Personally Assessment<br>Procedure: UPAP) | 12색 파스텔, 4장의 회색종이(18×24인치) | (1) 자유화<br>(2) 동작 그리기(치료사의 동작 익힌 후)<br>(3) 율동적 낙서(곡선 난화)<br>(4) 선택하여 그리기(자유화나 낙서)<br>　　(Ulman, 1975) |
| 2. 코헨 검사<br>진단적 그림시리즈<br>(Diagnostic Drawing<br>Series: DDS) | 12색 파스텔, 4장의 흰색 종이(18×24인치) | (1) 자유화 (2) 나무그림 (3) 감정 그리기<br>　　(선, 형태, 색) |
| 3. 베텐스키 검사<br>미술치료 진단(Art<br>Therapy Diagnostics) | | * 3~6세: (1) 매체탐구 (2) 자유화(소묘와 색칠 그림 (3) 점토 (4) 인형집 놀이 (5) 가족화<br>* 7~10세: (1) 자유로운 매체 실험 (2) 자유화 (3) 난화 그리기 (4) 가족화 (5) 점토: 자유롭게 만들기 (6) HTP(연필과 크레용)<br>* 11세 이후(청소년, 성인): (1) 색형성블록(Color – Form Blocks) (2) 포스터 그림 (3) 자유화 (4) 자유로운 점토조각 (5) HTP(연필과 크레용) (6) 세상 속의 자아(self – in – the world) 난화 (7) 청소년 창문(3폭짜리 창문 – 과거, 현재, 미래) (8) 가족(추상적, 현실적) (9) 색시오그램(너와 너의 친구) (9) 자유화(Betensky, 1995) |
| 4. 스프링 검사<br>성폭행피해자를 위한<br>미술치료 | 성폭행 당한 여성들의 성폭행 충격(파손된 이미지)을 그림으로 | (1) 이 사람이 나다<br>(2) 나의 공간<br>(3) 나의 삶의 길<br>(4) 나의 가족과 나(Spring) |
| 5. 랜드가르텐 검사<br>가족미술진단(Family<br>Art Diagnostic) | | (1) 가족구성원이 비언어적으로 그리기(가족 중에 두 사람이 짝이 되어서 각자 한 가지 색으로 한 종이에 말없이 그리기)<br>(2) 가족이 말하지않고 함께 그리기(가족 전원이 한 종이에 그리기)<br>(3) 가족이 말을 하면서 그리기(함께 결정하여)(Landgarten, 1987) |

| 6. 랜드가르텐 콜라주 검<br>사 잡지 콜라주 | 환자에게 사람 사진/그림들이 많이 들어 있는 상자를 준다.<br>(1) 자신의 관심을 끄는 사진들을 선택하여 다른 종이에 붙이고 마음에 떠오르는 것을 말하거나 글로 쓴다.<br>(2) 4~6장의 사람 사진들을 선택하여 각각 다른 종이에 붙인다. 각 사람의 생각하는 것과 그 사람이 말하는 것을 상상하여 글로 쓰거나 말하기<br>(3) 좋은 것과 나쁜 것을 대표하는 4~6명의 사람을 선택하여 종이를 붙이고 그들이 나타내는 것을 말한다.<br>(4) 한 장의 사람 사진을 선택하여 다른 종이에 붙인다. 그 사람에게 일어나는 상황을 글로 쓰거나 말한다. "당신은 그 상황이 변하리라 생각합니까?"라고 검사자는 묻는다. 피검사자가 만약 "그렇다"라는 대답을 하면, 환자에게 변화를 나타내는 사진을 찾게 하거나 무엇이 변했는지를 말하게 한다(Landgarten). |
| --- | --- |

## ○ 작품해석

## 가. 해석 시 유의점

1) 미술치료를 보는 두 가지 다른 개념에서 하나는 작품에 중점을 두고 환자에게 작품을 해석해 주는 좁은 의미와 또 하나는 환자의 역사와 유전적인 차원을 포함한 환자의 정신역동에 관련된 모든 발언과 설명이 포함되는 넓은 차원의 개념이다.

2) 이 두 가지 개념은 상이한 것이 아니라 연관된 것으로 본다. 정신분석의 경우도 해석이 중심적인 치료도구이기는 하지만 치료 현장에서 해석을 하는 경우는 드물다.

3) 전문적으로 시행되고 있는 정신분석과정에서 분석하는 환자가 해석을 받아들일 준비가 되었을 때만 해석을 하며 해석할 때 확정 짓거나 단언하는 표현은 삼가야 한다.

4) 정신분석이나 미술치료에서 가장 가치 있는 자료는 치료세션과 다음 치
   료세션에서 부가적으로 입수한 자료이다.

5) 미술치료의 경우 부가적인 자료인 작품이 정신분석에서의 언어차원과 합
   쳐져서 환자의 위장된 무의식의 내용을 보다 효율적으로 작업하게 해 줄
   것이다.


## 나. 미술작품 해석


-미술활동을 통해 상담목표를 달성하려면 상담자는 아동의 행동과 창
 작품이 무엇을 나타내는지 이해해야 한다. 우선 상담자는 아동이 미
 술작품을 통해 투사하고자 하는 바를 정확히 지각하도록 노력해야
 한다.

-아동의 눈으로 듣는 과정을 촉진하기 위해 상담자는 미술의 여러 가지 차
 원, 즉 과정, 내용, 색, 형태 등을 해석할 수 있는 능력이 있어야 한다.

-세 차원에서의 해석은 단지 가설로 제시되어야 하고 다른 매체나 자료로
 그 가설을 확인시켜 주어야 한다.

-미술과정과 작품이 그 의미를 결정할 수 있다고 믿는 것은 잘못될 수도
 있으므로 해석에 관한 논의는 가설의 맥락에서 이해되어야 한다.


1) 작품에 대한 이해

**작품을 이해하는 것은 단순한 공식에 적용하여 알아낼 수는 없는 속성을
가지고 있다.**

-미술치료에서 창작과정에서 나온 결과물만 강조하면 치료사의 주된 관심

인 치료에서 벗어날 수도 있다.

-작품에 나타난 예술언어를 이해하는 방법을 배워야 한다.

-일반 심리발달과 미술발달에 대한 지식이 있어야 정확한 진단과 치료가 가능하다.

-환자 작품의 이해는 진단에 있어서 동전 양면과 같은 두 가지 측면의 이해 이다.

(1) 형태에 대한 이해(선, 색, 면, 공간)

(2) 내용에 대한 이해(무의식과 이미지, 상징)


2) 작품보기와 이해하기

**치료자의 과업은 환자의 결과물과 그 뒤에 숨겨진 과정을 이해하고 되새겨 봄으로써 환자의 치료과정에 더 잘 반영할 수 있다.**

(1) **작품과의 만남**: 창작과정이나 그 결과물에 대해 환자와 이야기하는 것 이 초보자들에게는 가장 어려운 부분이지만 이런 과정에서 미술치료사 는 효율적인 시행을 위해서 새로운 기술과 감수성에 관한 학습이 필요 하다.

(2) **아트 인터뷰**: 또한 환자가 편안하면서도 적절한 방법을 찾도록 계속 노 력하며, 각 환자 자신의 예술적 경험을 의미 있게 반영하는 것을 도울 수 있도록 열정과 낙천적인 마음을 유지해야 한다. 아트 인터뷰 시 다양한 질문방법, 즉 개방주의적 질문을 하며 환자의 저항에 부딪칠 경우 연기 와 드라마 활동을 시도한 것이 창의적인 방법이다.

3) 작품의 의미 찾기와 전시 및 토론

환자의 작품과 행동에서 **의미를** 발견하는 작업은 미술치료 전 과정을 통해 계속된다. 환자의 선택, 회피, 심상, 순서 등을 관찰하려면 미술치료사는 '**제3의 눈으로 보는**' 능력이 필요하다. 또한 환자의 설명이나 무의식적으로 나타난 언어적 표현을 '**제3의 귀로 듣는**' 능력이 필요하다. 작품보기 인터뷰에서 작업 과정과 토론과정을 시간과 공간적으로 구분하는 것이 좋다.

미술작품을 바라볼 수 있는 물리적 환경이 필요하다. 즉 완성품이 벽, 이젤, 테이블 또는 바닥이든 참여자가 쉽게 볼 수 있는 곳이면 구성원을 바라보는 것보다 작품을 바라보게 하는 것이 필요하다. 환자 스스로의 작품 선택과 전시에 참여하여 가장 마음에 드는 액자나 그림을 올려놓을 색지 색깔과 크기 선택을 하게 하여 환자의 작품이 완성되어 보이고 전문적으로 보이게 하는 기술이 필요하다.

 * 3차원 작품의 경우는 최고의 '무대' 연출이 필요하다. 즉 작품을 돋보이게 하는 천 조각, 테이블, 어두운 색종이 바닥을 깔아 놓으면 효과적이다.


4) 작품에 대한 이야기 나누기

-전시 후 환자 작품에 관해 이야기하라는 요구는 곧잘 무반응이나 부정적 반응을 보이기 때문에 토론 과정이 쉽지 않을 수 있다.

-치료사는 모든 환자들이 뭔가 말하고 싶은 것(언어로든 창조적 방법이든)이 있다는 사실을 확신하고 환자가 편안하게 이야기할 수 있는 방법을 찾아야 한다. 이러한 방법 중에 개방적으로 말하도록 환자들이 언제나 원하는 시간과 환자가 원하는 방법으로 대화를 허용해야 한다.

○ **과정 해석**

-과정 해석은 미술재료를 사용하여 작품을 만드는 과정을 상담자가 탐색
하는 것이다.상담자는 아동이 재료 표현에 어떻게 반응하고 어느 재료를
선택하고 어떻게 그것을 조작하고 결합시키는지 관찰한다.

-창작과정에서 아동의 태도가 주저하는지, 즐거워하는지, 자발적인지, 억제
하는지 등 반응을 주의 깊게 관찰하여 기록한다.

-과정 해석은 발달적 맥락에서 이루어져야 한다. 10세 아동이 바르거나 두
드리는 매체만 사용하는 것은 위축의 증거가 될 수 있으나 3세 아동이 이
런 행동을 하는 것은 문제가 될 것이 없다.

-상담자의 해석이 보다 완전하게 되려면 배경을 주의 깊게 고려해야 한다.

-과정의 관찰은 갈등이나 현재 문제 상태의 내용에 대한 가설을 제공할 수
있다.

-상담자 해석이 보다 완전하게 되려면 배경을 주의 깊게 고려해야 한다.

○ **상징의 해석**

**가. 상징의 의미**

**리드(Read)도 상징이란 완전히 임의의 기원을 가진 형식이며, 막연한 주관
적 정서를 형태와 확실성을 지닌 것으로서 구체화하는 일이라고 설명하였다.**

이러한 상징은 인류학, 종교학, 고고학, 예술, 심층심리학 등 다양한 분야에
서 연구되고 분석되고 있다. 상징과 관련성에서 볼 때, 미술이란 바로 상징 언

어의 대표적인 예술이다.

**폰타나(Fontana)**는 이러한 미술역사는 바로 인류에게 의미가 있는 **상징의 기록이라고** 말하고 있다. 문자 이전의 그림은 인류의 역사와 문화의 흔적, 그 시대와 그 시대 사람을 이해하는 자료로 **그 시대의 정신을 상징한다.** 그림언어의 상징성은 시대와 문화를 초월하는 힘이 있어, **그림**이 인간 최초의 **단일 언어**이며 **공통언어**이기 때문이다(Riedel, 1988). 미술치료에 있어서 그림의 이러한 상징 언어를 읽어 내는 것은 치료적 과정에서 아주 중요한 역할을 한다.

**프로이트**와 **융**은 인간의 무의식이 표출되는 꿈이나 백일몽이나 그림의 상징성들을 깊이 있게 다루고 있다. 특히 **융** 학파는 그림의 상징성에 대한 연구를 통해서, 그림은 인간의 집단 무의식에서 나온 인간 영혼의 커다란 방향표시이며, 모든 시대의 종교적, 사회 문화적 인식과 가치의 상징이 될 수 있다고 본다.

## 나. 공간의 의미

공간이란 바로 인간이 존재하고 있는 세계를 인식하는 근거가 되며 우주에 관한 신비를 탐구하는 기본적 틀이다. **동양의 공간 의미는** 대표적으로 음양오행의 관점을 토대로 한다.

| 오행 | 방위 | 색 | 계절 | 오상 | 오장 | 오관 | 맛 | 음 |
|---|---|---|---|---|---|---|---|---|
| 木(목) | 동 | 청 | 봄 | 仁 | 간장 | 눈 | 신맛 | 각 |
| 火(화) | 남 | 적 | 여름 | 禮 | 심장 | 혀 | 쓴맛 | 치 |
| 土(토) | 중앙 | 황 | 4계절 | 信 | 비장 | 믐 | 단맛 | 궁 |
| 金(금) | 서 | 백 | 가을 | 義 | 폐장 | 코 | 매운맛 | 상 |
| 水(수) | 북 | 흑 | 겨울 | 智 | 신장 | 귀 | 짠맛 | 우 |

## 다. 서양의 십자가형

　서양의 공간연구는 공간의 기본을 십자형에서 찾고 있다. 융의 학파인 **프라이(Frei)**는 십자형은 육체와 영혼/하늘과 대지/과거와 미래/개인과 공동체 등 인간은 십자형이 지니는 이러한 다양성을 조절하고, 극의 대립을 수긍하기 위하여, 각 극들 간의 긴장 속에서 전력을 다하고 있으며, 극을 의미 있게 연결함으로써 인간의 목적인 자기를 발견하게 된다고 하였다.


### 1) 윙거의 방향모델

- 윙거는 신체구조와 관련, 상징화하고, 화면을 인간의 생활공간으로 비유

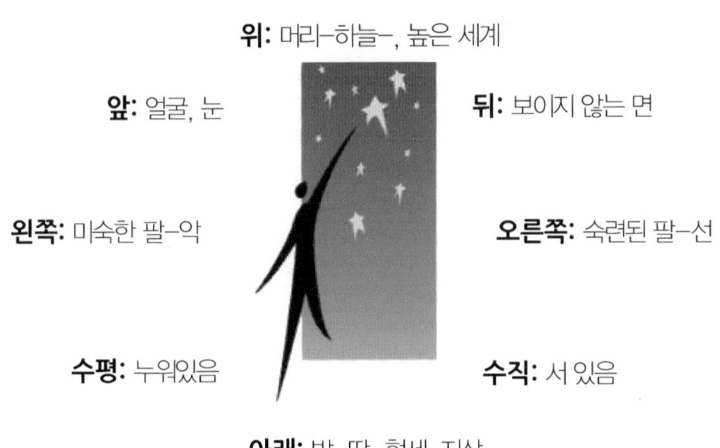

## 2) 풀버의 십자 축에 의한 공간상징

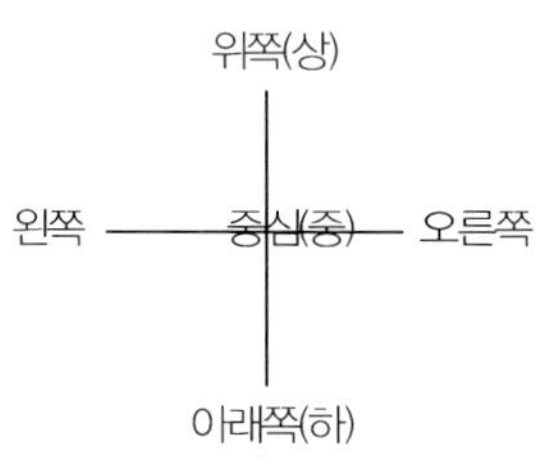



> **(1) 왼쪽(중심에서 왼쪽):**
> 자신과 과거에 관계된 민감한 영력
>
> *상징성: 내행성, 과거와 끝난 것과 잊혀진 것에 대한
>  관심/지향
>
> **(2) 오른쪽(중심에서 오른쪽):**
> 타인과 미래나 목표에 관계된 민감한 영역
>
> *상징성: 외향성, 미래와 추구하는 것과 계명이나 법칙에
>  대한 관심/지향
>
> **(3) 상, 중, 하 영역:**
> 의식의 형태와 연결, 의식내용을 상징
>
> **상:** 초 개인적인 의식화, 지적 형태와 형상
> *상징성: 지적, 정신적, 종교적-윤리적 내용과 느낌
>
> **하:** 전의식, 무의식
> *상징성: 물질적, 육체적, 육감적-성적 내용과
>   무의식에서 나온 집단적 상징들
>
> **중:** 개인적 일상의식 상태, 자아경험 영역

## 3) 아르투스의 마을 검사에 의한 공간상징

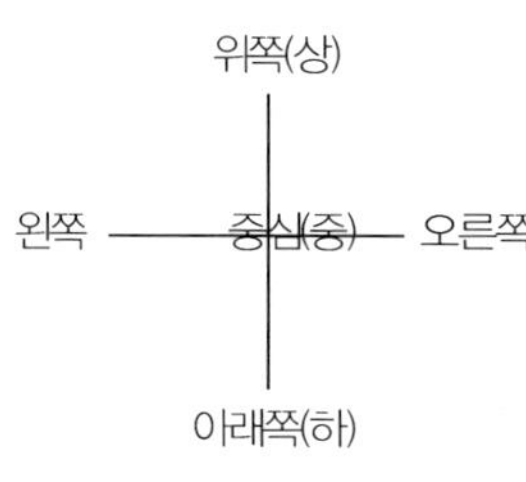



> **(1) 왼쪽(중심에서 왼쪽):**
> 자신과 과거에 관계된 민감한 영력
>
> *상징성: 내행성, 과거와 끝난 것과 잊혀진 것에 대한
>  관심/지향
>
> **(2) 오른쪽(중심에서 오른쪽):**
> 타인과 미래나 목표에 관계된 민감한 영역
>
> *상징성: 외향성, 미래와 추구하는 것과 계명이나 법칙에
>  대한 관심/지향
>
> **(3) 상, 중, 하 영역:**
> 의식의 형태와 연결, 의식내용을 상징
>
> **상:** 초 개인적인 의식화, 지적 형태와 형상
> *상징성: 지적, 정신적, 종교적-윤리적 내용과 느낌
>
> **하:** 전의식, 무의식
> *상징성: 물질적, 육체적, 육감적-성적 내용과
>   무의식에서 나온 집단적 상징들
>
> **중:** 개인적 일상의식 상태, 자아경험 영역

## 4) 그륀발트의 공간도식과 상징

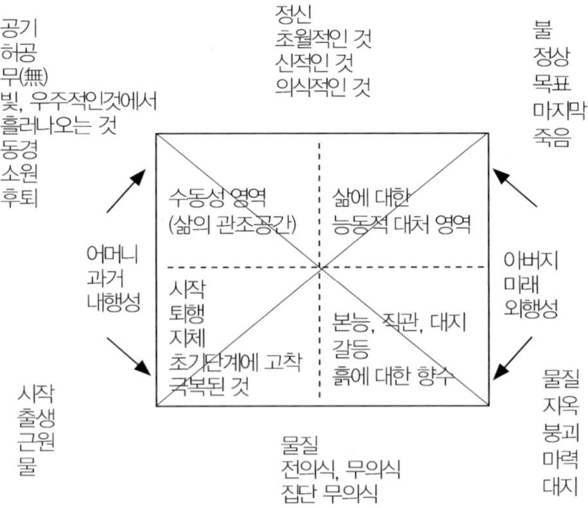



## 5) 미헬의 공간상징

융 학파인 미헬(Michel)은 여러 개의 다른 공간 상징들을 분석하고 보완하여 다양한 관점들을 종합적으로 제시하였다.

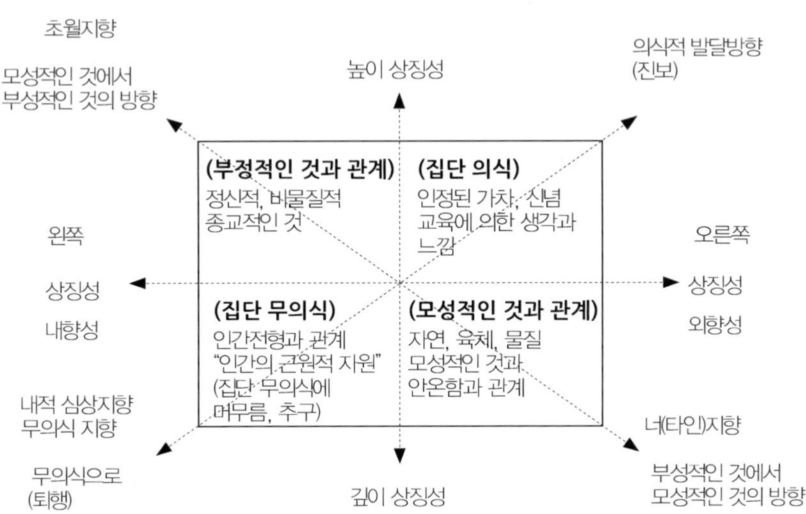

○ **색의 해석**

가. 색의 의미와 작용

**이텐**은 그의 저서 『**색채의 예술**』에서 "색채는 생명이다. 색은 빛의 소산이며, 빛은 색의 모체이다. 우주 최초의 현상인 빛은 색채를 통하여 우주의 생동한 영혼의 존재를 우리들에게 제시한다. 색은 우리의 의식과는 상관없이 긍정적 혹은 부정적 방식으로 우리에게 영향을 미치는 방사력 에너지이다"라고 했다. 색채는 인류에게 신비한 존재이며, 자연을 통하여 체험하게 된 이러한 색의 상징성에 대한 탐구는 수 세기를 걸쳐서 다양한 문화와 종교와 민족들 사이에서 이루어지고 있다. 특히 고고학과 자연고학과 예술분야에서는 이러한 색에 대한 신비를 학문적으로 심도 있게 탐구하고 있다. 17세기 물리학자인 **뉴턴**은 **프리즘**을 통해서 다양한 색들을 발견하였으며 색의 발전과 색채가 지닌 영향력과 색채이론에 관한 본격적인 관심은 19세기 초부터였다.

독일의 대문호인 **괴테**도 색의 연구를 통하여 18세기 말에서 19세기 초에 이르러 『**색채론**』이라는 방대한 저서를 내었다. 그는 『색채론』에서 색채의 물리적 현상, 신체적 현상, 화학적 현상, 감각적-윤리적 영향, 미학적 영향 등을 다루었다.

**쇼펜하우어**는 「**시각과 색채에 대하여**」라는 논문을 발표하였다. **색채심리학**에 관한 연구를 통하여 색은 감각의 변화를 일으키고 인간의 기분, 정서, 불안이나 평안함에 영향을 끼치며 육체적 상태를 진단하고 치유할 수 있다는 것이다. 치료는 이미 **고대 이집트인, 멕시코인, 인디언, 아시안 들에게도** 익숙하다. 많은 색채 학자들은 색에 대한 심리적 영향 및 치유적 관점에 대한 연구와 실험연구 등을 통해 증명하였다(Riedel, 1985).

1) 빨강

### (1) 상징

빨강은 불과 태양을 상징하여 따뜻함과 온기를 대변한다. 피와 건강과 생명, 열정, 활력, 행운, 에너지, 확장, 에로스를 의미한다.

**파랑이** 정신적·수동적 상징이면, **빨강은** 물질적·능동적 상징이다.

빨강은 정치(혁명, 테러집단, 공산주의, 사회주의)와 종교적 의식(그리스도의 수난, 예수의 보혈……)을 의미하며, 부정적 의미(분노, 폭력, 지배성, 공격성, 당혹감)이며, 일상생활(광고에 활용=음식 맛, 신호등, 출입금지, 축구경기 퇴장)에 많이 쓰인다.

빨강은 여성(구심적, 육체적, 세속적, 모성적, 내면화)을 상징하며 남성(원심적, 외형화)은 파랑으로 표현한다.

### (2) 심리적 작용

빨강은 자율신경에 관계되며 맥박과 혈압, 호흡수를 증가시키며 감각적 작용을 한다.

능동적 빨강은 일의 능률을 상승시키고, 심리적·육체적 욕구와 더불어 식욕을 증가시키며, 활동적인 면에서는 성취와 성공을 지향하게 하고, 운동성을 높이며, 충동적이고 활기를 주며, 투쟁적이며 정복의 의미를 가지며 혁명의 투지를 고취시킨다.

### (3) 선호와 기피의 성향

**빨강을 좋아하는 사람은** 외향적이고 역동적이며 단정적이고 충동적이다. 또한 삶을 즐기는 낙천성을 가지고 생에 대한 강한 애정을 가지고 있다. 흥분을 잘하며, 성급하고 불안정하고 공격적이고 떠들썩한 성향이 많은 반면에 객관적인 면이 적고 단순하다.

**단점으로는** 자신의 약점을 인정하지 않고 자신의 실패를 타인에게 돌리기도 하며, 때로는 냉혹하고 탐욕적이기도 한다. 조용하고 내성적인 사람이 빨강을 자주 입거나 많이 사용하면 빨강이 지니는 따뜻함과 활력에 대한 욕구를 가지고 있다고 볼 수 있다. 때로는 지나친 빨강 사용은 자신의 진실한 감정을 빨강 뒤로 감추고 싶어 하는 것이다.

**빨강을 기피하는 사람은** 어머니나 모성적인 관계에 부담을 가지고 있으며, 빨강이 주는 심리적·정서적 영향을 충분하게 체험하지 못한 것으로 추측해 볼 수 있다. 너무 생각이 많거나 움츠리는 성향이 있거나 냉담한 사람은 빨강을 기피한다.


(4) 치료적 개입과 효과

**차크라**는 감각적이고 생식기관과 관계가 있다고 했다. 부부관계나 성적인 문제가 있는 사람은 빨강 자극이 필요하다. 임신과 생리에 문제가 있는 여성은 옷이나 침실의 전등 색을 빨강으로 사용하면 좋다.

무감각하고 냉정하며 생각이 많은 사람에게는 빨강을 많이 사용하도록 해야 한다.

**치료**에서 빨강으로 그림을 그리면 환자들은 감정과 에너지를 경험하게 된다. **빨강 체험을 통해** 활동에 동기 유발을 주고 용기를 얻고 불안을 멀리하고 안정을 얻게 되어 대인관계나 주위 상황에 안정감을 얻게 된다.

2) 파랑

### (1) 상징

파랑은 물과 대양을 상징하며, 형이상학적 동경과 초월성을 상징한다. 이 색은 감각적 에로스의 빨강에 비해, 정신적 에로스이며, 비현실성, 비물질적인 것, 추상적인 것, 우주적인 것, 영원성을 의미한다.

**색의 톤에 따라** 연한 하늘색은 몽상, 비현실의 색, 짙은 바다색은 꿈·무의식의 색이며, **문학과 미술의** 신비스러움, 낭만, 순수함, 초현실성을 상징한다.

**피카소의 청색시대는** 비참함, 차가운 손, 동상, 창백한 입술, 배고픔을 상징한다. **종교적 의미의** 파랑은 초월과 영원한 삶을 상징한다.

**사회적 의미로는** 노동과 소속감과 연대감을 상징하며, 비권위적인 것과 자유와 일상에 대한 관심을 대변한다. 대표적인 노동자들의 블루칼라, 현대인이 즐겨 입는 블루진도 이런 상징에서 온 것이다.

### (2) 심리적 작용

심리적 작용은 내향성, 감정을 조정하고 순응시키는 작용, 정신의 안정 휴식을 상징한다.

**괴테는** 그의 『색채론』에서 파랑을 색채계의 마이너스 측에 속한 수동적 색으로 규정하고, 불안하고 유약하며, 동경하는 느낌이 든다고 했다.

**남청색은** 매우 의기소침하기도 하고, 진지하고 슬픈 기분을 표현하며, 자기 내면에 대한 관심, 극단적인 자폐적 고립까지 이르는 내향성으로 간주한다.

### (3) 선호와 기피의 성향

**파랑 선호자는** 만족과 충만, 애정과 영적 결속, 종교나 전통에서는 안정을 의미하며 또한 의무를 잘 지키고 양심적이고 인습적이며 심사숙고하는 성향, 단체생활에 적응을 잘 하며 친구와의 신의가 있으며 지혜롭고 영리하며 자기 통제를 잘 한다.

청록색을 좋아하는 사람은 섬세하고 지적이며 교양이 있고 고상하며 타인에게 자신감이 있으며, 이 점을 인정받고 싶어 한다. 또한 타인에게 우호적이지만 일정한 거리를 유지하고 관찰력이 있는 성격이다. 중립적이고 공정하며 자신의 일은 스스로 알아서 하지만 다른 사람의 도움과 조력이나 지휘를 거부한다.

**파랑에 집착하는 사람**의 경우는 완고하고 엄격하며 과거에 집착한다. 독선적이고 다른 사람에게 자신처럼 정직·침착하기를 요구하며, 융통성·창의성의 결여가 있을 수 있고 사회성에서는 낯선 사람을 경계한다. 파랑만을 오랫동안 쓰는 경우는 위축된 행동이나 자기 조절을 의미한다.

**파랑의 기피:** 휴식과 신뢰에 대한 욕구가 충족되지 않은 상태, 장기간에 걸쳐 스트레스와 자극을 받는 사람들의 경우 종종 파랑을 거부하는데 신경성 기관통증, 알레르기성 습진을 우려한다.

### (4) 치료적 개입과 효과

신경조직이 편안함을 찾기 때문에 피로하고 병이 있는 경우이다. 이 경우 파랑으로 그림을 그리거나(특히 파란 원) 파란 옷을 입도록 권유한다.

**남청색**은 눈이 피로한 경우 건강에 도움이 되고 마음의 안정을 뜻하며, 하늘색은 광활함과 자유로움, 구속과 물질세계로부터 해방을 상징한다. 미술치료에서 파랑을 적용하면 인내심과 문제해결력도 생긴다. 환자의 사고와 정서의 조화를 이루어 정신적 이해력을 넓힌다. 남색은 깊은 이완으로 타인들을 받아들일 수 있게 한다. 그러나 이 색을 자주 입으면 자기 고립적 경향을 가질 수도 있음을 유의해야 한다.


3) 노랑

(1) **상징**

**괴테**는 『색채론』에서 노랑을 긍정적이고 적극적인 색으로 분류하고 노랑은 명랑하고 유쾌하며 다채롭고 부드러운 자극을 주는 특성이 있다고 했다.

**빨강이** 감정적·정서적 따뜻함을 상징한다면 **노랑은** 정신적 따뜻함을 상징한다. 시각적으로 가장 눈에 띄는 색(보호색)으로 환경미화원, 사막에서 볼 수 있는 동물(사자, 호랑이=자기 방어적 역할), 도로표지판, 횡단보도(위험 알림판), 축구경기(경고카드)로 표현된다.

**유황색:** 특별한 상징, 연금술에서 유황은 변화 과정의 성숙단계를 의미한다. 그러나 악마적 상징이기도 하다. **부정적인 면으로** 경솔함, 흥분, 소모, 무질서, 낭비의 개념을 상징하기도 하고 번쩍거리는 노랑은 도발적, 집요하고 뻔뻔스러움을 상징하는 동시에 긍정적인 면으로 신의 계시(황금 빛)를 상징하기도 한다.


(2) **심리적 작용**

노랑은 행복하고 지혜로우며 상상력이 많은 색으로, 생동감과 명령성과 자유로움, 영리한 인성, 강한 신념과 확신을 대변하며, 사업 감각과 유머감각을 상징하지만 반면에 참을성이 적고, 자기중심적이며, 고집이 세고 완고하며, 화려한 색이지만 강제적이며, 우쭐거리고, 야하고, 거만하며, 깊이와 온정이 없는 피상적 분노를 폭발함 등을 상징한다.

**칸딘스키**는 그의 저서 『예술에 있어서 정신적인 것』에서 노랑에 대해 주관적으로 과도하게 부정적 견해를 고백하고 인간을 불안하게 하며, 빈정대고, 흥분시키며, 뻔뻔하고, 강제적인 기분이 작용되는 색으로 폭력의 성격을 상징한다고 했다.

### (3) 선호와 기피의 성향

선호자들은 계획에 참여하고 미래의 중요한 목적을 수행할 때 에너지가 넘쳐흐른다. 변화를 필요로 하며, 새로운 상황에서 더 행복을 기대하고, 철학적인 성향과 지적인 도전과 토론을 즐기며, 전진적 사고, 개혁과 새로운 미래에 있어서 비범한 지도자를 뜻한다. 때로는 자신의 마음 깊숙한 곳에 있는 감정을 숨기기 위해 노랑을 사용하는데, 행복에 대한 희망을 가지기도 하지만 정신분열증 환자들이 선호하는 색이기도 하다. **기피하는 사람은** 자신만의 생각에 빠지기 쉬우며 불쾌한 생각들을 밀어내려고 한다.

자신이 너무 상투적인 것을 두려워한다. 일시적으로 실망한 경우 노랑을 기피하게 될 수도 있다.

노랑을 거부함으로써 실망과 손실과 소외를 무의식적으로 방어하거나 손실을 보상받고자 한다.

일상에서 허무감과 소외감이 많이 들 때도 노랑을 기피한다.

### (4) 치료적 개입과 효과

노랑은 사람을 행복하고 즐겁게 만든다. 밝은 노랑은 활기를 주며, 왼쪽 뇌를 자극하며, 학문이나 지적인 것을 하는 데 도움을 준다. 정신력을 강화하고 기억력과 지적 학습을 개발하는 목적으로 쓰이기도 하며, 긍정적 에너지를 얻거나 생각을 정리하고 정보를 기억하려면 노랑을 사용한다. 그러나 지적인 활동이 너무 많은 사람에게는 노랑과 연관된 것을 줄이고 고집이 센 사람과 자기에게 집착하는 고루한 사람에게는 연노랑을 많이 쓰도록 하며, 명상이나 마음이 집중이 안 되는 사람에게는 적합지 않다.

**진노랑**은 리듬체계와 관련이 많으며, 이 색을 사용하면 이완되고 명랑해진다.


### 4) 주황

#### (1) 상징

주황은 빨강과 노랑의 혼합색으로 따뜻함과 활동성과 호기심을 상징하며, 영감과 유쾌한 자극을 줄 수 있어 외향적 색이며, 축제와 즐거움과 충만함을 상징한다.

주황은 불을 상징하며 불은 사랑과 자비와 온기를 의미하며, 떠오르는 태양과 일몰을 상징한다. 또한 젊음, 강함, 용기, 종교적 깨달음의 색이지만, 때로는 불안정과 동요를 상징한다.


#### (2) 심리적 작용

주황색은 심리적으로 따뜻하고 명랑한 효과를 나타내며 흥분을 자아내기도 한다.

행동을 활발하게 하면서도 조정하는 효과를 가지며, 심리적으로 깨어 있게 하고 편안함을 주며 갈등을 이완시키며 인식과 성취에 대한 노력과 추구를 하게 한다. 반면에 주황은 피상적이고 변덕스러울 때가 있으며, 불안을 유발시키거나 경계의 의미를 나타낸다.

③ 선호와 기피의 성향

**주황을 좋아하는 사람은** 친구관계가 좋고 다른 사람에게 잘 적응하며, 포부를 가지고 있으며 집단활동에 참여하는 것을 좋아하며, 예의가 바르며 심사숙고하는 편이다.

명랑한 성향을 가지고 있어서 사회적 생활에 인기가 있고, 다른 사람의 도움으로 자신의 목적을 가장 잘 성취하며, 창의력과 자기 확신을 갖는 창의적 지도자의 가능성을 가지고 있다.

**주황을 싫어하는 사람은** 노랑과 빨강을 싫어하는 성향과 같이 이해될 수 있으며, 주황 선호자들과 반대성향을 가지는 경우가 많다.

④ 치료적 개입과 효과

주황색은 침울하고 우울한 사람에게 도움이 되며, 무기력하고 무감각하며 모든 일에 관심이 없는 사람에게 필요하며, 이때 주황색의 옷을 입거나 주황색으로 그림을 그리거나, 실내공간에 주황색을 더 많이 배치하면 도움이 되며 지적 능력을 증가하여 논쟁에서 이길 수 있다.

주황색으로 낙서를 하거나 그림을 그리면 긍정적인 변화를 일으킬 수 있고, 좀 더 사회적이 될 수 있으며, 호흡이 짧은 사람, 간질 환자에게 필요한 색이다. 주황색 치료가 필요한 사람들에게는 처음부터 주황색을 사용하게 하기보다, 먼저 남색에서 흰색, 가라앉은 파랑, 복숭아색, 보라, 차분한 녹색을 연습한 후에 주황을 사용하게 해야 한다.

젖은 종이에 주황을 칠하는 연습은 간질병 환자에게도 편안함을 준다.

주황을 너무 많이 쓰는 경우는 귤색으로 강도를 낮추도록 유도한다.

**슈타이너**의 기질론에 따라 **담즙질**이 강한 공격적 성향의 사람은 주황색 그림연습에서 자신이 폭발할 것같이 느낄 수 있으나, **점액질** 성향의 우울증세는 기분이 좋아지며 생동감을 얻게 된다.

이 색은 헤매는 사람, 세상일에 도피적인 사람, 불분명한 사람에게 활동성과 어떤 일을 시도할 수 있게 한다.


5) 녹색

(1) **상징**

녹색은 식물의 성장이며 자연의 기본색이고 봄을 상징하며, 이 색과 조화의 색으로서 희망, 평화, 개혁과 부흥, 천지창조에서 최초의 것이며 식물의 발아를 의미한다. 초보자, 신참자, 청년, 약혼한 처녀, 새 신부의 색, 미성숙을 상징한다.

녹색은 종교적으로 화해이며 위로자, 정치에서 환경보호 운동, 환경보호집단과 핵실험금지 집단의 상징색이며 선전 광고에서는 생수, 화장수 등에 등장한다.

녹색은 자기주장, 지속성, 자신감과 자아존중을 표현하며, 기본 물질, 기원, 인간과 자연의 일치이다.


(2) **심리적 작용**

녹색은 심리적으로 조화롭고 균형 잡힌 효과를 주며, 마음을 진정시키고 부드럽고 쾌적하며, 신선하고 평화로운 느낌을 불러일으키며, 내적으로 물러설 수 있는 능력과 집중력을 주며 흥분을 제어한다.

녹색은 신경계에 도움이 되어 균형과 평형을 주는 역할을 하며 심장의 박동을 고르게 한다. 그러나 황녹색이나 형광녹색은 충동적·소모적이거나 탐욕적인 성향도 있을 수 있다.

### (3) 선호와 기피의 성향

**녹색을 좋아하는 사람은** 좋은 인상을 주고 집단에서 지도자의 역할을 하며 남을 도울 준비가 되어 있으며, 겸손하고 참을성이 강하고 중요한 인간관계와 책임감을 가지고 있으며 유순하고 성실하며 일반적으로 교양이 있으며 중심에 서지 않으려 하고 훌륭한 교사들이 많으며, 그들은 성취에 자긍심을 느낀다.

청록을 좋아하는 사람은 인정받는 것을 필요로 하며, 반대에 대항하는 성향이 있다.

**좋아하지 않는 사람은** 한결같은 성품이지만 반대에 부닥치면 저항력을 잃고 자기 자신의 요구에서 생긴 긴장에 시달리는 성향이 있다. 이들은 자주 가슴과 심장이 죄이는 현상과 세력을 얻지 못하는 무능력의 경향이 있다.

### (4) 치료적 개입과 효과

이 색은 인간을 치유하는 효력이 있으며 심신에 균형과 조화를 주며, 녹색도 하늘색처럼 눈에 이완을 주는 색이기 때문에, 약화된 시력을 보강하기 위해서 녹색잔디를 바라보거나 녹색의 평원을 상상하거나 혹은 녹색보석을 사용하는 것이 좋다.

생각이나 행동이 느린 사람이 너무 많이 사용하면 그런 성향이 더욱 강화될 수 있으며 오히려 기분이 저하되고 우울한 성향에 빠지기 쉽다.

녹색은 다른 색과 끝없이 혼합할 수 있으므로 미술치료에서는 필수색이며 특히 불안증세, 현실성과 지구력이 약한 사람, 억압과 압박을 받는 사람, 방황하고 헤매는 사람, 자기 힘으로 독립할 수 없는 사람뿐만 아니라, 운동형의 사람에게 침착함과 태연함을 주는 정서적 효과가 있다.

**노랑이 더 가미된 녹색은** 더 활동적이 되고 감성에 더 강하며 파랑이 가미되면 넉넉함과 느슨함과 호흡을 잘할 수 있게 된다.


### 6) 보라

### (1) 상징

보라는 파랑과 빨강의 혼합으로 자극과 억제를 동시에 지니고 있으며 대표적인 차가운 색과 따뜻한 색으로 혼합되기 때문에 색 중에서 통일성과 균형을 맞추기가 가장 어렵다

보라색의 상징은 색채 연구가들로부터 엇갈린 반응이 많은데 일반적으로 슬픔과 고통을 상징하며, 기독교에서는 참회와 단식의 색이며 신비의 색으로 인해 마술사, 초감각적인 것을 상징한다.

**쿠퍼**(Cooper)는 보라를 네 가지 의미범주로 분류하였다.

① 지능과 지식, ② 종교적 헌신과 성스러움과 겸손과 속죄, ③ 근심, 고통, 비탄과 슬픔, ④ 노년


### (2) 심리적 작용

보라는 창의적이거나 불안정하며, 분열이 심한 갈등, 중재의 색(극단의 두 색 중간=이성과 열정 사이, 따뜻함과 차가움, 능동성과 수동성 등의 균형)이다. 정신병동 환자들이 이 색을 선호하며, 일반인들은 이 색을 억제의 색으로 여긴다.

**칸딘스키**는 보라를 육체적·심리적 의미에서 가라앉은 빨강으로 병적으로 힘을 잃은, 슬픈 어떤 것으로 보았지만 **체발리어**는 보라를 빨강과 파랑의 균형을 잡는 중재색으로 여겼다.

### (3) 선호와 기피의 성향

**보라를 선호하는 사람은** 감수성이 많고 보통 사람들과 다르게 느끼는 경향이 있다. 자신이 일반인들과 다르다는 인상을 주고 싶어 하며 이들은 공생과 융합에 대한 동경을 많이 하며, 신비주의적 집단이나 종교영역에 관심을 가지며 짙은 보라 톤의 옷을 즐겨 입는 것은 신비한 경험을 추구하거나 마술적 욕구를 지니고 있다.

**밝은 보라를 좋아하는 성향의 사람은** 항상 최상의 취향을 가지고 있으며 고상하며 문화적인 것, 예술적 재능을 보유하고 자신이 의도하는 판타지의 세계에서 살고 싶어 한다.

**보라색을 기피하는 사람은** 타인과 융화의 동경을 자주 억누르고 이러한 태도는 타인이나 파트너와 융화하기 위한 조건이 이루어지지 못한 경우가 많기 때문이다.

### (4) 치료적 개입과 효과

보라색으로 그림을 그림으로써 기분이 조정될 수 있으며, 호흡이 짧은 사람에게는 평온함을 주며, 분주하고 서두르며 기분에 불협화음이 생기는 사람에게는 평정을 준다.

보라색이 필요한 사람은 정신분열환자, 의기소침하고 우울증의 증세가 있으며, 감정의 기복이 심한 사람, 숨을 내쉬는 데 어려움이 있는 사람이며, 붉은 톤의 보라는 신진대사의 변화가 심한 사람에게 도움이 된다.

보라색으로 낙서를 하게 되면 그 색이 주는 정서와 에너지를 얻게 되는데, 다시 말하면 창의성을 높이고 직관력과 개성을 계발하게 된다.


7) 갈색

(1) **상징**

갈색의 상징은 따뜻한 갈색과 차가운 갈색으로 나눌 수 있고, 따뜻한 갈색으로 황갈색과 붉은 갈색이 있는데, 이는 생명과 따뜻함을 나타내는 대지를 상징하며 생산력과 어머니의 모성적 힘과 자연과의 일치를 상징하며, 자연의 비옥함을 대변한다.

흑갈색은 부식토를 표시함으로써 생산적 대지를 상징하며 동시에 겸손과 소박함과 청빈함을 상징한다. 차가운 갈색은 불모의 대지를 연상시켜 퇴락한 자연, 단단한 대변, 배고픔, 경멸과 무시받는 느낌, 엄격한 교육과 훈련 그리고 결벽증을 표현한다.


(2) **심리적 작용**

갈색은 심리적으로 수용적이며 수동적인 느낌을 주며, 활력 있고 감각적인 느낌을 주기도 하며, 심리적인 저항력을 나타내며 자기주장과 관찰력, 인내력과 지구력을 상징한다.

갈색은 행동과 이해가 다소 느린 편이나 마지막에는 원하는 것을 성취하며 이 색은 충동성을 완화하며 현실적이고 책임감을 높인다. 주황색과 검은색의 혼합인 갈색은 주황색이 지니는 자아 중심적이며 욕구 중심적인 경향의 일부분으로 나타나지만, 주황보다는 융통성이 더 적고, 더 고집스럽고 완고하며 억제를 많이 하는 경향이고 갈색을 검정과 함께 사용하면 불안, 우울 증세를 나타낼 수 있다. 갈색 자체는 부정적인 모성 콤플렉스를 나타낼 수도 있다.

### ③ 선호와 기피의 성향

**갈색을 선호하는 사람은** 충동적이지 않으며 말없이 자신의 책임을 완수하는 경향이 있지만, 반면에 운동성이 적으며 적응능력이 결여되어 있다.

**갈색 옷을 선호하면** 감각적이고 성적인 부분과 관련이 있으나 갈색 옷 등으로 자신을 너무 강조하면 감각적·성적 성분을 은연중에 암시, 또한 갈색만 고집하는 사람은 이 색이 가지는 부정적인 면을 과장한다. 즉 성격이 답답하며, 비행동적이고 개성이 약하고 남의 눈에 띄기 싫어한다.

**갈색을 기피하는 사람은** 그다지 건강하고 만족스러운 육체를 느낄 수 없기 때문에, 신체감각이 강한 편이 아니며 편안함을 거부함을 상징한다.

### ④ 치료적 개입과 효과

갈색은 흙을 만나기 어려운 현대인의 치료에 필수적인 색이며, 특히 갈색 점토는 미술치료의 중요한 매체로서 치료적 효과에 많이 적용되며, 치료현장에서 아동들이 점토를 주무르고 물을 많이 섞어 온몸에 바르거나 질퍽거리는 것을 즐긴다.

갈색은 자연의 색이며 대지의 색이기도 하여 이 색에서 보호받고 싶은 욕구를 무의식적으로 드러낼 수 있는 것으로 해석할 수 있다.

**융** 학파의 미술치료사인 **야코비(Jacobi)**는 강박증 노이로제가 있는 환자들의 치료에서 갈색과 오물을 많이 나타내는 그림 시리즈를 그리도록 유도했다.

갈색은 치료적 측면에서 신경과 감정이 양극화하는 경향의 사람, 피상적인 사람에게 권할 만하다.


8) 검정

(1) **상징**

검정은 밤과 어두움을 상징하며 이에 따라 그림자, 동굴, 지옥, 심연과 죽음을 의미한다.

이 색은 긍정에 반대하는 부정과 악, 생명의 결핍, 슬픔, 금욕적 생활, 금기, 무의식 상태, 심지어 무(無)와 공허의 의미도 가진다.

검정은 성적 자유를 억압하는 상징으로, 남성의 권위가 지배적인 문화에서 일반적으로 여성에게 이 색을 강요한다.


**칸딘스키**는 검정에 대하여 "검정은 감각이 사라진 무(無)처럼, 미래와 희망이 없는 영원한 침묵처럼 내적으로 들린다(칸딘스키, 1997)"라는 견해를 나타냈다.

그러나 검정은 새로운 시작과 잉태를 위한 준비단계의 긍정적 의미로 볼 수도 있다.


(2) **심리적 작용**

검정은 자기 방어와 자극적인 영향을 억제하며 폐쇄적이며 반항적인 항의를 나타낸다.

또한 포기를 나타내기도 하며 외부와 차단하는 경향이 있으며 우울적 성향, 통제된 욕구를 나타낸다.

(3) **선호와 기피의 성향**

**검정을 좋아하는 사람은** 반항적인 항의를 하나, 포기도 잘하여 많은 것을 운명에 맡기는 성향이 있고, 검정 옷을 즐겨 입는 사람은 자신이 교양 있고 흥미로운 사람이라는 인상을 주고 싶어 하지만, 그러나 검은 옷만 입는 경우는 내면의 소원과 속세적 욕구들을 감추거나 억누르는 것을 의미한다.

매우 활발하고 자의식이 강한 사람이 그림 그릴 때 자신이 경험했던 중요한 것을 검정으로 강조하는 경우가 있으나 검정을 너무 자주 사용하거나 검정으로 덧칠을 하는 것은, 그 사람이 심리적으로 억제, 불안, 슬픔 혹은 분노를 가지고 있는 경우로 볼 수 있다.

신체에 검정을 자주 사용하는 것은 그 부분의 기능상 문제나 장애를 생각해 볼 수 있으며 아동이 그림 속에 손이나 팔에 검정을 칠하면 소유의 개념이 희박하거나 도벽이 있는 것으로 유추할 수도 있다.

**기피하는 사람은** 어떤 것도 포기하지 못하며, 이로 인해 과도한 요구를 부과할 위험이 있다.


### (4) 치료적 개입과 효과

미술치료에서 검정은 일반적으로 권장하지 않으나 검정으로 자신의 감정이나 억압된 정서를 표현하는 사람에게는 자신의 상황을 자유롭게 표출할 수 있는 기회가 될 수 있다.

검정 사용은 카타르시스적 의미를 둘 수 있으며, 치료의 과정에 나타날 수 있는 현상이다.

아동들은 그림을 지우거나 보이지 않게 하기 위해서 또는 사물의 윤곽을 더 분명하게 보이도록 하기 위해서 검정을 선택하기도 한다.

우리 문화에서 서예를 통한 먹물이 주는 검정의 의미를 서양과는 달리 긍정적으로 받아들이며 먹의 검정은 정신을 깨어 있게 하고 정신을 통일하고 마음을 안정시키는 영향을 준다.


### 9) 흰색

#### (1) 상징

흰색은 빛과 밝음을 상징하며 신의 존재를 의미하며, 빛의 색으로서 깨달음, 부활 그리고 완전성을 의미한다.

**괴테**에 의하면 흰색은 추상성, 보편성, 개방성과 솔직함, 순수함과 선함, 절대적 자유와 탈억제 및 긍정을 나타내며 흰색은 또한 포기를 나타내기도 한다 (항복 시 흰 깃발).


#### (2) 심리적 작용

심리적으로 개방과 자유의 잠재성, 내적 강화의 작용, 순수하고 신선하며 솔직함을 표현한다.

**칸딘스키**에게 흰색은 모든 표징과 본질이 사라져 버린 세계를 상징하며 절대적인 커다란 침묵을 상징한다.


#### (3) 선호와 기피의 성향

흰색을 너무 선호하면 자신의 내적 동요가 숨겨져 있으며, 그러한 내면으로 자신을 숨기는 것, 종교적 집단에서 흰색을 선호하는 것은 순수함과 단순한 생활에의 욕구와 그러한 생활을 한다는 것을 암시한다.

완벽주의 경향, 실천 불가능한 생각, 미성숙한 인성을 보여 준다. 흰색이 다른 색과 섞이면 생동감 있고 평형을 유지하는 성향을 의미한다.

10) 회색

## (1) 상징

회색은 검정과 흰색이 혼합된 무채색으로 미분화, 안개, 스모그, 소나기구름의 색이다. 불분명함, 무감각을 나타내며 반대와 대립되는 것을 피하는 색이며 수동적이며 주저하고 삼가는 특징을 지니며 조용함의 상징이기도 하고 이 색은 통제와 극단적인 것을 조정하는 색이며 우울함을 나타내고 공격적 표현을 억제하는 색이기도 하다.

종교화에서 회색을 거의 쓰지 않으나 동양화에서 먹물의 농도를 주어서 원근감을 나타낸다.

## (2) 심리적 작용

회색은 변화를 바라지 않는 색이며 생동감을 거부하는 색이며, 침착하고 흥분을 하지 않는 색으로 조심성을 가지고 극단에서 균형과 타협을 상징한다.

## (3) 선호와 기피의 성향

**회색 선호자는** 사람의 흥분과 자극을 회피하며, 칭찬이나 인정받는 것에 상관없이 열심히 사업을 잘하고 회색을 너무 좋아하는 사람은 일 중독자가 되기도 한다.

거부하는 사람은 활동적이고 손해를 보지 않으며 상당한 대결과 갈등이 생길 수도 있다.

흥분된 기분을 가라앉히고 과도한 생각을 자제하기 위해서는 회색에 대한 생각을 많이 하도록 권한다.

11) 분홍

(1) 상징

분홍은 애정과 사랑을 가지고 있으나 빨강과 같은 열정은 없다.

이 색은 아름다움과 신비로움, 섬세한 톤으로 장밋빛과 수많은 꽃들의 색으로 아기와 젊은이의 색이고 부드러움의 상징이다.

독일의 히틀러 시대에는 동성연애자들에게 남성성에 반하면 분홍색 낙인을 찍어 주었다.

**괴테**는 『색채론』에서 분홍을 복사꽃 색이라고 표시하며 정신적·영적 질서에서 중심위치로 본다.

(2) 심리적 작용

분홍은 부드러움과 섬세한 영향을 주며 혈액순환이 잘 되는 사람의 피부나 육체와 관련되어 신체와 관련하여 쾌감과 고통을 나타낸다.

**켈로그**는 만다라에 분홍이 많이 나타났을 때, 무방비 상태의 연약함을 인정하고 그것의 노출에 따른 공포와 보호의 필요성을 시사한다.

(3) 선호와 기피의 성향

**분홍을 선호하는 사람은** 보호를 원하며 주변으로부터 특별한 대우를 바라고 보호된 삶을 원하고 애정과 사랑이 필요하며, 안전하다고 느낄 필요가 있다.

강한 빨강은 오히려 불안하게 하며 분홍은 허약하고 연약해 보이는 사람들이 즐겨 입는다.

**분홍색 옷을 너무 많이 입거나** 사용하는 사람은 꿈나라, 환상의 세계에 살고 있다는 것을 상징한다.

분홍을 거부하는 사람들은 정서적으로 부드럽고 섬세하고 귀여운 것에 대해 평가절하적으로 표현한다.

**이 색을 거부하는 사람들은** 분홍이 촌스럽고 유치하고 여성적이며 약해 보인다고 생각한다.

실제로 자신뿐만 아니라 다른 사람의 다정다감함을 필요로 하는 사람들이 이 색을 거부하는 경향이 있다.

### (4) 치료적 개입과 효과

미술치료에서 실리주의자, 직업과 일로 인하여 생동감과 활기를 잃은 사람, 평안하게 숨을 쉴 여유가 없는 사람, 생활의 스트레스에 억눌린 상태로 있는 사람, 스트레스가 많은 사람에게 분홍을 권한다.

## ○ 선의 해석

선은 색채와 형태와 더불어 회화의 기본이다. 아동화의 발달 관점에서 관찰하면 아동들은 자신의 최초의 시각적 표현을 점과 선으로 시작한다.

**슈타이너**는 '선은 운동의 흔적이다'라고 하며, 형태를 파악하고 표현하기 위해서는 선에 대한 연습이 선행되어야 한다고 주장하였다. 선은 그림에서 역동성을 불러오는 요인이며, 그러한 역동성이 지니는 상징적 의미를 전달한다. 이처럼 선이 나타내는 상징성은 중요하다.

### 1) 일반적인 관점

선이 나타내는 운동성, 목적과 방향성, 활기성, 활기참과 허약함, 자극성과 역동성 등은 바로 선을 그리는 사람의 심리적 상태, 나아가 신체적 상태까지를 표현할 수 있다.

선은 미술치료에 있어서 그림의 의미를 읽는 중요한 도구가 된다.

**바흐만**은 아동들이 유치원이나 학교 입학 시 새롭게 적응해야 하는 기간에 **원이나 반원, 활 모양의 그림을** 자주 그리는 것은 부모 특히 엄마와 분리를 강하게 느껴 어머니의 품 안에 있고 싶은 욕구를 무의식적으로 표현한 것으로 해석한다.

2) 선의 심리적 특성

**풀버와 하르테게(Hartege)**는 선의 특징을 통하여 그린 사람의 심리적 해석

| | |
|---|---|
| 대각선 | 에너지가 넘치는 표현, 상승 혹은 추락, 패배 혹은 승리, 역동성 |
| 수직선 | 바른 자세, 조용한 침착성, 현세와 신성의 결합 |
| 수평선 | 고요, 평안함, 현세적, 모성적 에너지, 땅과 하늘의 분리 |
| 물결선 | 상하의 운동감 |
| 원, 반원 | 고요, 보호, 수용, 이해, 영원성, 완벽성, 초월, 자기 체험, 운동성 |

을 다음과 같이 요약하고 있다.

○ **형태의 해석**

| 민첩하고 균열 없는 선 | 건강한, 자신감, 안전감 | 물결선 | 감각적 민감성 |
|---|---|---|---|
| 탄력 있는 선 | 활기찬, 생동감 | 털이 많은 실 모양 선 | 민감성 |
| 필압이 강한 선 | 모든 제동을 가진 창의적인 힘, 내면에 영향을 미치는, 강렬함, 독창성 | 엉켜 있는, 헝클어진 선 | 절제되지 않은 강한 본능, 격앙되고 흥분을 나타냄 |

| 묵직한 선 | 무거움, 중요함 | 너털너털한 선 | 과민한, 원기(생기)가 없는 |
|---|---|---|---|
| 운동감 있는 묵직한 선 | 실제보다 더 힘 있게 보이고 싶은 욕구, 과장하는, 자신과 다른 사람에게 인상적이고 싶음, 인상적 외모 욕구 | 느슨한 선 | 긴장감 결여, (근육) 긴장결여, 신경쇠약, 허약, 예민하고 신경이 약한, 기분저하 |
| 힘이 있고 짙은 선 | 암시적 협력을 지닌 | 약한 선 | 허약함 |
| 또렷하고 명확한 선 | 자제력과 사고력 | 거친 선 | 생명력 있는 거침 |
| 연하고 모호한 선 | 감각, 감성 | 경직된 선 | 긴장, 예민성, 자제·규율 |
| 뻣뻣한 선, 휘지않는 선 | 망설임, 억제, 모순, 불일치, 다루기 힘든 | 끊어지거나 여러 번 그은 선 | 불안 |
| 너무 뻗쳐 있는 선 | 심한 정신적 긴장 상태 | 윤곽이 없이 '문지르는 것' | 무의식에 사로잡혀 있음, 미비한 형상력 |
| 격렬한 선 | 난폭성 | 거침없는 선 | 목적이 분명함, 때로는 문제를 무시하거나 넘어가는 것을 의미, 예민함의 결여 |
| 건조한 선 | 건조한, 억제하는, 조심스러워하는 성질 | 더듬거리는 선 | 강한 예민성, 불확실성, 불안전, 억제, 주저, 민감성 |
| 가는 선 | 의지박약, 자주 힘이 없는 활동성, 자기 의견을 주장하는 | 유동적으로 흐르는 운동성의 둥글고 개방적인 형태 | 그림에 대한 통제와 의식적 구성, 여성적 느낌의 우세 |
| 찌르는 구멍을 내는 선 | 지나치게 골똘히 생각하는 성격, 무자비, 몰인정 | 각이 진 형태나 기하 형태 | 남성적 느낌, 의식을 하고 형상화하려는 의지에서 나온 그림 |
| 재료를 즐기는 듯한 선 | 자신을 즐기는, 자신의 삶을 향유하는, 힘든 것보다 즐기는 성향이 많은 | 민첩하지 않은 선 (떨리는, 불규칙적, 틈이 있는) | 신경 장애, 때때로 혈액순환장애 |
| 활주하는 유동적인 선 | 정신적 유동성, 빠른 이해력, 적응력 | 상처가 난, 감겨 있는 선 | 정신적 불균형, 불안정, 적응력, 요령을 부림 |
| 필압이 있는 넓은 선 | 본능에 강한, 의지력 | 넓은 선 | 접촉을 쉽게 하는 |

형태해석은 작품의 전체 형태와 인상에서 얻은 의미에 대한 해석이다.

예를 들어 종이의 오른쪽에 그린 그림은 지적, 내향성, 미래지향과 관련되는 경향, 아래에 위치한 것은 불안과 우울의 신호, 가장자리에 위치한 것은 불안을 암시, 외부에 경계를 넣는 것은 내부구조의 부재를 나타냄, 과장되게 큰 그림은 우울하거나 위축되어 불안한 사람들이 그림. 과장된 운영은 종종 우울을 동반한다.

Widlocher(1983)은 직선과 모서리가 있는 형태에 관심을 보이는 어린이는 현실적이고 자주 공격적이고 논박하는 성향, 훌륭한 조직력과 지도력을 지니고 있다고 한다.

원모양의 선을 선호하는 어린이는 민감한 성격의 아동으로서 상상력이 풍부한 반면 자신감이 결여된다.

공간배치 역시 아동의 심리적 상태를 읽을 수 있는 기준이 된다.

전체화면을 체계적으로 메우는 것은 흔히 미성숙의 표시된다.

화면의 중앙을 벗어나 가장자리 부분에 그리거나 눈에 띄게 작게 그리는 것은 불균형, 부조화의 확실한 증거가 된다.

도화지의 윗부분을 사용하는 아동은 자부심, 긍지를 지닌다. 도화지 아랫부분에 그리는 아동은 안정성을 나타낸다고 한다.

## 가. 형태 의미

**칸딘스키**는 모든 형태는 자신의 내적 반향을 가지고 있으며, 그 형태와 같은 성질의 정신적 실체, 내적인 내용을 갖고 있다고 본다(칸딘스키, 1997). 그는 형태는 색채에도 영향을 미치며 색채와 상호작용 관계를 가지므로 대부분의 색채들은 형태에 의해서 자신의 가치를 강조할 수도 약하게 할 수도 있다고 했다. 또한 그는 '모든 형태는 내적인 내용을 가진다'고 하여 미술치료의 관점에서도 중요한 것을 시사한다.

### 1) 삼각형

삼각형은 기본적인 기하형태에서 가장 역동적 형상을 지닌다.

### 2) 사각형

분석 심리학에서는 사각형은 무의식에서 나온 형상으로서 원형적 구조문양

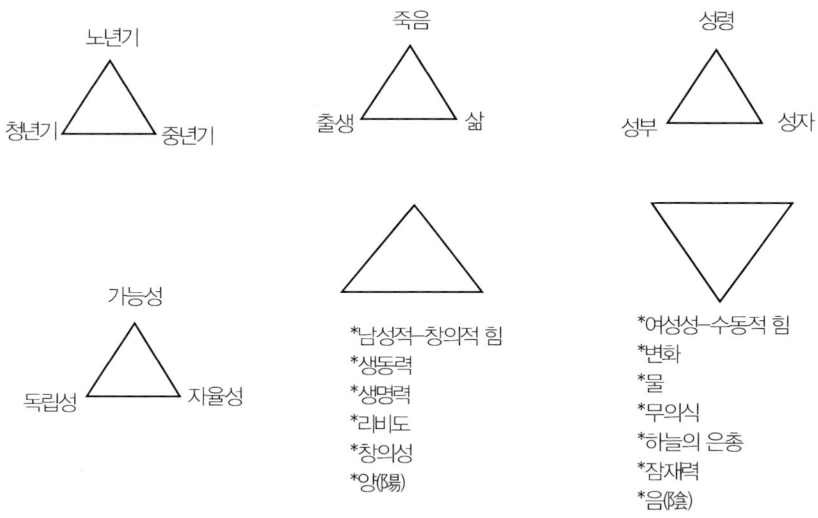


으로 본다. 즉 안정성, 조화와 균형(숫자 4에 상응), 판단력, 인간적 완벽성, 서로 다른 요소들 사이의 균형, 정신에서 물질로의 변화, 합리적 사고, 목적지향적 행동, 실행과 관련된다.

**리넬**은 사각형으로 테두리를 한 그림이나 사각형이 특히 많이 있는 그림은

보호공간에서 불안을 풀어내는 정서와 관계가 있으며, 불안이 강한 사람과 무의식적으로 방어하기 위하여 사각형이 필요하다고 한다(Riedel, 1985). 미술치료에서 융통성이 결여하고 상상력이 부족하며, 사고가 부족한 아동, 청소년이나 성인들은 자주 제도용지와 같은 사각형 선이 있는 종이를 즐겨 찾기 때문에, 이들을 치료하는 데는 사각형이 필요하다. 강박적 증세를 지녔거나 불안이 많은 사람들은 화지에 테두리를 먼저 그려 놓고 그 안에 다른 그림을 그린다. 이때 그러한 형태를 그리게 하면서, 치료과정을 통해서 그들의 그림에서 형태가 부드러워지거나 곡선의 형태가 나오도록 유도할 수 있어야 한다.

사각형은 인간생활과 아주 깊은 관련을 가지는 형태이다.

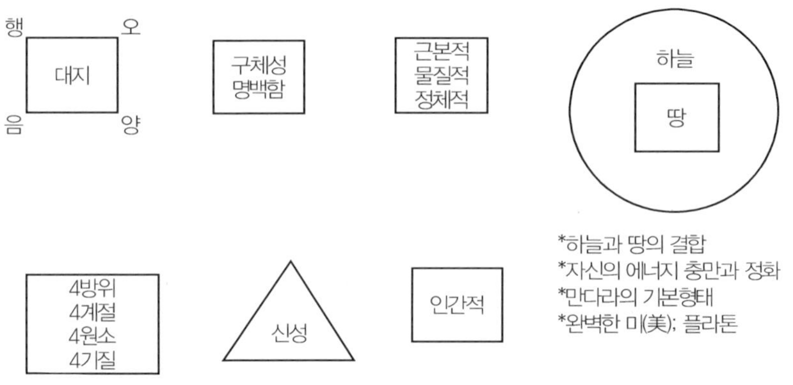


몬드리안은 칸딘스키의 우발적인 비대상(非對象)의 추상과 비교하면, 그의 경우는 문자 그대로 나무면 나무, 모래언덕이면 모래언덕의 핵의 추상으로서 추상화가 탄생한다.

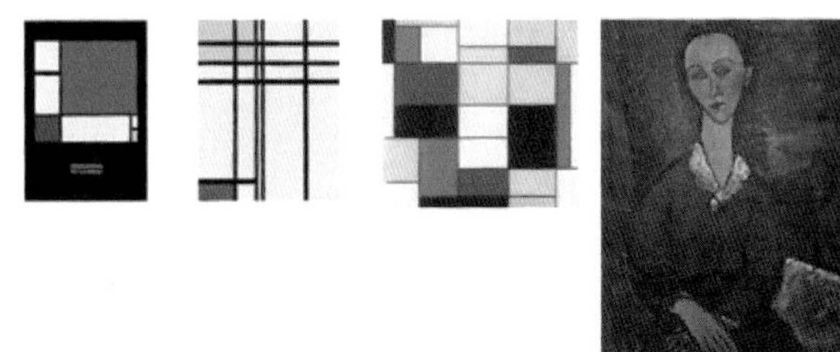



## 3) 나선형

나선형은 자연의 현상에서 많이 볼 수 있는 형태이다(회오리바람, 덩굴식물, 달팽이, 밀물과 썰물의 규칙적 운동, DNA의 운동, 달의 운행 등 나선의 움직임과 형태). 엄마 자궁 속의 태아는 출생 시 나선형의 운동으로 세상에 나온다. 이처럼 나선형과 나선형의 운동은 인간과 자연, 우주의 운행, 창조의 근본적 운동이라는 것을 알 수 있다.

미술치료에서 두 가지 특성의 환자들에게 유용하다.

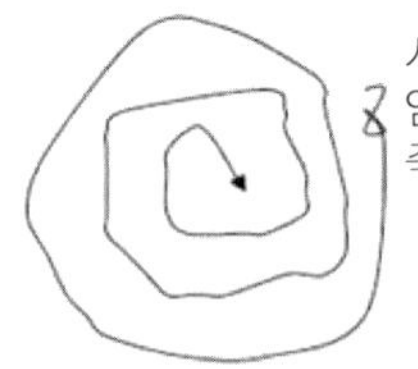



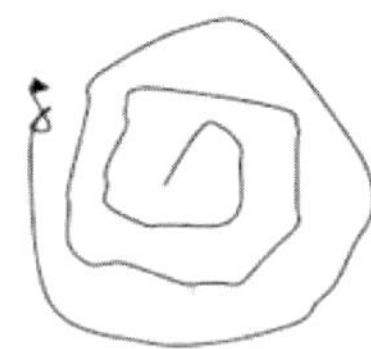



## 4) 원

원은 시작과 끝이 없는 곡선으로서 모서리가 없는 형태이다. 이러한 형태는

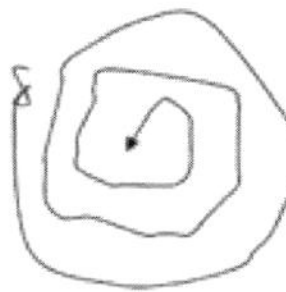








자연의 현상과 형상, 일상의 생활 주변에서 가장 많이 볼 수 있다. 원은 시간성과 공간성을 지니고 있으며 나아가 무형이면서 유형이 공존한다.

원은 인류의 문화에서 주로 신과 초월자를 나타내는 상징적 형태로 받아들여졌다. 이런 이유로 많은 나라에서 완성과 영원성을 상징한다. 동양에서는 우주의 형태를 원으로 보고 그 안에서 음과 양의 신비를 태극도(太極圖)로 표현하는데, 원은 음과 양의 신비를 내포한 우주의 진리를 찾아가는 길이다.

원이 관계와 결합, 맹세, 서약 등으로 상징되는 것은 다양한 문화에서 보여준다. 불교에서 원은 깨달음의 단계에 이른 것을 상징한다. 처음과 끝의 구분이 없는 원은 심리적으로 무의식과 의식, 의미의 분리와 전체성을 의미한다. 융은 원은 만다라 형태로서 조화와 통일성, 내적 질서와 균형, 나아가 개성화의 과정으로 본다. 원은 이완을 주는 심리적 특성이 있어서 미술치료에서 원은 우울증 성향의 사람에게 자주 적용할 수 있다. 또한 만다라 형태는 삶의 중심과 내적 균형이 필요한 사람에게 이러한 치료적 관점으로 다루어진다. **리델**은 동화에 자주 나오는 구슬이나 공을 삶에 비유하고 있다.

칸딘스키의 원과 관련된 미술을 감상해 보세요.

○ DSM-Ⅳ 정신장애 진단도구(1994)(Diagnostic and Statistical Manual of Mental Disorders)

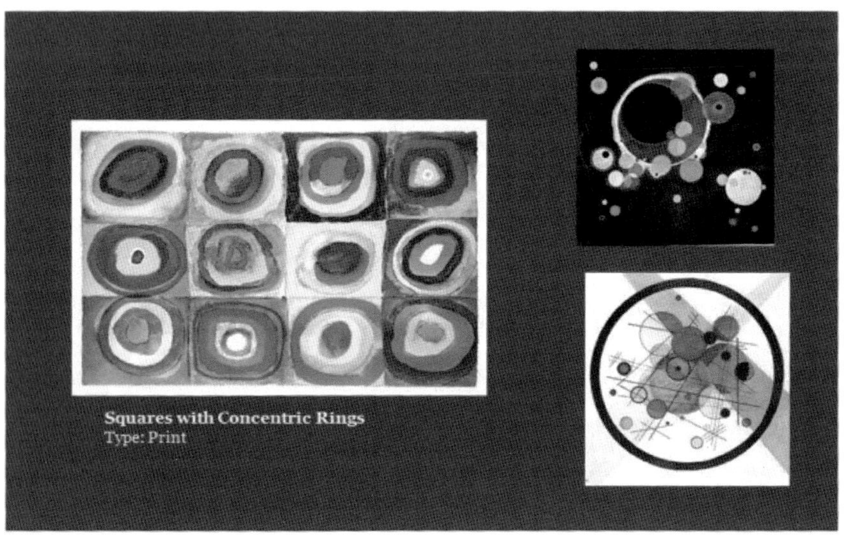


1) 미국 정신의학협회(American Psychiatric Association, APA) 제작, 진단 기준으로써 전 세계적으로 널리 사용. 최초 이 편람은 1952년 ICD-6을 참조하여 발간.

* International Classification of Disease(국제질병분류) ICD-10 1992년 (WHO)세계보건기구

2) 심리장애를 개념화하는 데 있어서 어떤 병리에도 치우치지 않고 증상과 증후를 위주로 장애의 특성들을 정의해 놓고 있다.

3) DSM-Ⅳ 목적은 임상가나 연구자가 다양한 정신장애에 시달리는 내담

자들을 진단하고, 연구자들 간 및 가족 간에 의사를 교환하며, 연구하고, 치료할 수 있도록 진단범주를 명료하게 기술하기 위함이다.

4) **DSM-Ⅳ 진단체계**는 심리장애에 대한 많은 정보를 제공하고자 다축평가체계(multiaxial assessment system)를 채택하고 있다.

- **축 Ⅰ 증상을 위주로 하는 임상진단을 한다.** 불안장애, 정신분열증, 기분장애 등 주요 장애를 분류 진단
- **축 Ⅱ 성격장애를 진단하는 축이다.** 오래 지속되는 성격적인 특성 때문에 적응의 어려움을 주는 경우를 성격장애라고 하는데 이는 임상적인 진단과는 별도로 반사회적 성격장애, 회피성 성격장애 등을 진단
- **축 Ⅲ 일반적인 의학적 증상이다.** 비정신적인 신체적 장애나 신체증상을 진단
- **축 Ⅳ 심리사회적 환경적 문제이다.** 심리사회적 스트레스의 요소를 진단. 심리적 장애와 관련되는 스트레스 정도 평가
- **축 Ⅴ 전반적인 기능평가이다.** 장애를 일으키기 전까지의 적응기능 또는 적응상태를 100점 척도상에서 평가한다.

5) DSM-Ⅳ에서는 조작적 정의에 의한 진단기준을 마련하면서 다음과 같은 정보를 제공한다.

① 정신장애가 시작하는 시기를 알려 준다.

② 정신장애가 어떤 경과를 밟는지를 말해 준다. 즉 언제 주로 발생하며 장애양상이 시간 경과에 따라서 어떻게 변화되는지에 관한 정보를 제공한다.

③ 장애를 일으키는 유전 소인(素지, 질병에 걸리기 쉬운 소질)적인 요소를

알려 준다.

④ 정신장애가 전체 인구 중에서 얼마나 나타나는지, 발생빈도를 알려 준다.

⑤ 감별 진단 정보를 제공한다. 즉 다른 정신장애와 어떻게 다른지를 알려
  준다.

## ○ DSM-Ⅳ 단점

(1) 진단방식이 너무 복잡해 임상가가 진단하는 데 부담을 준다.

(2) 삶의 문제를 모두 심리장애로 진단하도록 하는 폐단을 가져왔다.

예) 학습장애 같은 것은 교육적 문제인데도 이를 심리장애로 분류하고 있다.

(3) Schacht와 Nathan(1977)은 심리적 증상 가운데 230가지의 문제행동은
  실제로 정신병리로 볼 수 없는데도 심리장애로 분류하여 마치 의학적 질
  병인 것처럼 오도하고 있다고 주장한다.

[출처] DSM-Ⅳ 정신장애 진단 및 통계 편람(1994)

# 4. 심리검사 및 해석

○ 심리검사의 분류

## 가. 표준화검사

### 1) 검사방법에 따른 분류

| 구분 | 종류 | 특징 및 과제 |
|---|---|---|
| 실시시간 | 속도검사 | 시간제한 있음. 보통 쉬운 문제로 구성.<br>숙련도 측정. 문항 수 많아 시간 부족 |
| | 역량검사 | 시간제한 없음. 어려운 문제로 구성. 문제해결력 측정 |
| 수검자의 수 | 개인검사 | 1:1 검사<br>한국판 웩슬러 지능검사(K – WAIS)<br>일반직업적성검사(GATB)<br>로르샤흐검사<br>주제통각검사(TAT) |
| | 집단검사 | 미네소타 다면적<br>인격검사(MMPI),<br>성격유형검사(MBTI),<br>캘리포니아 심리검사(CPI),<br>미육군 알파 베타 검사 등 |
| 검사도구 | 지필검사 | 인쇄된 문항에 필기도구로 응답 |
| 질문지 및 각종 검사 | 수행검사 | 일상생활과 유사한 상황에서 대상이나 도구 직접 다룸<br>K – WAIS의 차례 모양 맞추기 등 |

### 2) 검사내용에 따른 분류

| 분류기준 | 종류 | 내용 | 특징 |
|---|---|---|---|
| 인지적 검사<br>(인지능력<br>검사) | 지능검사 | 언어, 수리, 동작 능력 등 종합적으로 측정.<br>아동용, 성인용, 개인용, 집단용 구분.<br>카우프만 검사, 비네 검사, 웩슬러 검사, 미<br>육군 알파 베타 검사 등 | * 극대 수행검사<br>* 정답이 있음 |

| 분류기준 | 종류 | 내용 | 특징 |
|---|---|---|---|
| 인지적 검사<br>(능력검사) | 적성검사 | 지능보다 특수하고 광범위한 능력 측정.<br>산업체나 학교에서 특수직종에 맞는 사람<br>선발을 목적으로 사용<br>일반적성검사, 특수적성검사, 중다적성검사 | * 시간제한<br>* 최대한의 능력 발휘 요구 |
| | 성취도검사<br>(학력검사) | TOEIC, TOEFL 등<br>특정교육이나 훈련의 성과를 알아보기 위한 검사 | |
| 정서적 검사<br>(경향성검사) | 성격검사 | 개인의 성향, 기질 측정<br><br>자기보고식 검사, 투사적 기법<br><br>캘리포니아 적성검사, 다면적 인성검사<br>(MMPI), 성격유형검사 등 | * 습관적 수행검사<br><br>* 정답 없음<br>* 시간제한 없음<br>* 정직한 응답요구 |
| | 흥미검사 | 특정분야의 흥미를 비교하기 위한 검사<br>스트롱 캠벨 흥미검사, 직업선호도 검사 | |
| | 태도검사 | 특정분야나 대상에 대한 태도 또는 의견측정<br>직무만족도, 집단에의 몰입도 측정 | |

## 나. 비표준화검사

1) **관찰법**-자연관찰법, 전기적 관찰법, 행동요약법, 시간 표집법, 장면 선택법, 참가관찰법, 실험적 관찰법 등

2) **질문지법**- 자유기술형, 선택형, 체크리스트형, 분류형, 등위형, 평정척도형 등

3) **면접법**- 권위적, 비지시적, 비권위적 방법

4) **투사법**-자유로운 반응을 통한 개인의 욕구, 관심, 감정, 성격 등을 측정

언어적 자극: 단어연상법, 문장완성검사

시각적 자극: 로르샤흐 잉크 반점 검사, 주제통각검사, 그림좌절검사 등

유희, 작품: 지필법, 심리연극 등

5) **발견적 평가방법(Heuristic Evaluation)**-제이콥 닐슨이 주창한 사용성

공학의 방법론 중 하나이다. 계속적인 디자인 개발과정(Iterative design process)을 거치는 컴퓨터 프로그램이나 웹사이트 등 복잡한 시스템을 위한 사용자 인터페이스 디자인 개발에서 사용성 문제를 조기에 발견해 내기 위한 방법이다.

## ○ 심리검사의 종류

### 가. 웩슬러(wedhsler) 지능검사

1) **채점**: 각 소감사의 원점수-환산치로 전환(평균 10, 표준편차 3)

환산치의 합-각 연령에 맞는 규준표를 통해 지능지수 산출(평균 10, 표준편차 3)

언어성 IQ, 동작성 IQ, 전체 IQ

2) **해석**: 언어적 추리력(공통성, 어휘소검사), 비언어적 추리력(토막짜기, 모양 맞추기 소검사), 실용적 지능(차례 맞추기, 이해소검사 등)

질적으로 다른 유형의 인지능력들을 측정(각 소검사의 분산 해석)

3) **지능지수의 해석**

(1) 양적 분석-지능지수(현재 지능수준의 파악. 병전지능이나 지적 잠재력 추정)

-언어성과 동작성 지능의 차이

-소검사 점수 분산분석

(2) 질적 분석-반응내용, 반응방식, 언어표현 방식, 검사행동 방식

-곤란도 분산방식

-독특한 문항내용의 의미 파악


4) 한국 웩슬러 유아지능검사의 사례

| 영역 | 동작성 검사 | | | | | | 언어성 검사 | | | | | |
|---|---|---|---|---|---|---|---|---|---|---|---|---|
| 소영역 검사 | 모양 맞추기 | 도형 | 토막 짜기 | 미로 | 빠진 곳 찾기 | 동물 짝짓기 | 상식 | 이해 | 산수 | 어휘 | 공통성 | 문장 |
| 원 점수 | 23 | 7 | 0 | 12 | 0 | 20 | 3 | 0 | 10 | 5 | 0 | 4 |
| 환산 점수 | 9 | 2 | 2 | 4 | 2 | 4 | 3 | 3 | 4 | 4 | 2 | 2 |
| 환산 점수/IQ | 62 | | | | | | 59 | | | | | |
| 전체 점수/IQ | 56 | | | | | | | | | | | |


* 이문기(가명: 6세)

　-문기의 전체 지능지수(IQ)는 56으로 나옴

　-동작성(IQ 62)/언어(IQ 56)

　-언어점수가 낮은 것은 발달 장애의 특징, 언어지체로 인한 학습 준비가
　　필요


5) 웩슬러 검사 종류

　한국 웩슬러 유아지능검사(K-WPPSI)

　한국교육개발원 아동지능검사(KE야-WISC)

　비형식적 평가 측정(관찰유형)

## 나. MMPI(다면적 인성검사)

① 566문항에 대해 '예', '아니오'로 평가

② 4개의 타당도 척도

-**무반응 척도(?)**: 생략되거나 중복 표기된 항목 수

-**허구척도(L)**: 자신을 좋게 보이려는 고의적이고도 부정직하며 세련되지 못한 시도

-**신뢰도 척도(F)**: 생각이나 경험이 남들과 달라 특이한 정도

-**교정척도(K)**: 방어성, 경계심 정도. 정신 장애를 가지고 있으면서 다른 사람과 같게 보이려고 수정한 정도.

-이들 척도들이 70점 이상이면 피검사자의 응답 전체의 신뢰성을 일단 의심

③ 10개의 임상 척도

〈신경증적 성향〉

Hs: hypochondriasis 건강염려증

D: depression 우울증

Hy: hysteria 히스테리

〈반사회적 성향(1)〉

Pd: psychopathic deviate 반사회성

Mf: Masculinity-Feminity 남향성, 여향성 흥미 척도

〈정신병적 성향〉

Pa: paranoia 편집증

Pt: psychasthenia 강박증

Sc: schizophrenia 정신분열증

Ma: hypomania 경조증

〈반사회적 성향(2)〉

Si: Social introversion 사회적 내향성

〈사례: 김순영〉

| ? | L | F | K | 1 | 2 | 3 | 4 | 5 | 6 | 7 | 8 | 9 | 0 |
|---|---|---|---|---|---|---|---|---|---|---|---|---|---|
|   | L | F | K | Hs | D | Hy | Pd | Mf | Pa | Pt | Sc | Ma | Si |
| T | 42 | 63 | 56 | 84 | 74 | 64 | 62 | 41 | 62 | 44 | 51 | 69 | 58 |

◆ 검사결과 타당도의 척도(?=알 수 없다): 척도가 원점수 80 중에 아무것도 응답하지 않은 것이 34 문항이 나왔다. 타당성이 의심되어 다시 실시한 결과, 척도가 30문항으로 내려감.
◆ 따라서 김순영 씨는 개인 면담이 필요한 경우임.
◆ 척도 1(건강염려증), 척도 2(우울증), 척도 3(히스테리), 척도 9(경조증) 등이 높게 나옴.
◆ 척도 1(84)에서 책임이나 심리적 문제를 직접 처리하기를 회피하고 주변 사람들을 조정하기 위해서 실제 혹은 상상적인 신체 증상을 호소하는 경향이 있음.
◆ 자기중심적이고 신체적 기능장애는 보이지 않지만 기능의 효율성이 낮게 나옴.

## 다. MBTI(성격유형검사)–융의 성격유형이론 근거. 네 가지 선호경향에 의해 16가지 성격유형 구분

### 1) test 결과

**TEST(1): 외향성(E)과 내향성(I)에 대한 테스트**

**TEST(2): 감각(S)과 직관(N)에 대한 테스트**

**TEST(3): 사고(T)와 감정(F)의 선호경향에 대한 테스트**

**TEST(4): 판단(J)과 인식(P)의 선호경향에 대한 테스트**

### 2) 유형분류

(1) ISTJ

신중하고 조용하며 집중력이 강하고 매사에 철저하다. 구체적·체계적·사실

적·논리적·현실적인 성격을 띠고 있으며, 신뢰할 만하다. 만사를 체계적으로 조직화시키려고 하며 책임감이 강하다. 성취해야 한다고 생각하는 일이면 주위의 시선에 아랑곳하지 않고 꾸준하고 건실하게 추진해 나간다.

(2) ISFJ

조용하고 친근하고 책임감이 있으며 양심 바르다. 맡은 일에 헌신적이며 어떤 계획의 추진이나 집단에 안정감을 준다. 매사에 철저하고 성실하고 정확하다. 기계분야에는 관심이 적다. 필요하면 세세한 면까지도 잘 처리해 나간다. 충실하고 동정심이 많고 타인의 감정에 민감하다.

(3) INFJ

인내심이 많고 독창적이며 필요하거나 원하는 일이라면 끝까지 이루려고 한다. 자기 일에 최선의 노력을 다한다. 타인에게 말없이 영향력을 미치며, 양심이 바르고 다른 사람에게 따뜻한 관심을 가지고 있다. 확고부동한 원리원칙을 중시한다. 공동선을 위해서는 확신에 찬 신념을 가지고 있기 때문에 존경을 받으며 사람들이 따른다.

(4) INTJ

대체로 독창적이며 자기 아이디어나 목표를 달성하는 데 강한 추진력을 가지고 있다. 관심을 끄는 일이라면 남의 도움이 있든 없든 이를 계획하고 추진해 나가는 능력이 뛰어나다. 회의적·비판적·독립적이고 확고부동하며 때로는 고집스러울 때도 많다. 타인의 감정을 고려하고 타인의 관점에도 귀를 기울이는 법을 배워야 한다.

(5) ISTP

차분한 방관자이다. 조용하고 과묵하며, 절제된 호기심을 가지고 인생을 관찰하고 분석한다. 때로는 예기치 않게 유머 감각을 나타내기도 한다. 대체로 인간관계에 관심이 없고, 기계가 어떻게 왜 작동하는지 흥미가 많다. 논리적인 원칙에 따라 사실을 조직화하기를 좋아한다.

(6) ISFP

말없이 다정하고 친절하고 민감하며 자기 능력을 뽐내지 않고 겸손하다. 의견의 충돌을 피하고 자기 견해나 가치를 타인에게 강요하지 않는다. 남 앞에 서서 주도해 나가기보다 충실히 따르는 편이다. 일하는 데에도 여유가 있다. 왜냐하면 목표를 달성하기 위해 안달복달하지 않고 현재를 즐기기 때문이다.

(7) INFP

정열적이고 충실하나 상대방을 잘 알기 전까지는 이를 드러내지 않는 편이다. 학습, 아이디어, 언어, 자기 독립적인 일에 관심이 많다. 어떻게 하든 이루어 내기는 하지만 일을 지나치게 많이 벌이려는 경향을 가지고 있다. 남에게 친근하기는 하지만, 많은 사람들을 동시에 만족시키려는 부담을 가지고 있다. 물질적 소유나 물리적 환경에는 별 관심이 없다.

(8) INTP

조용하고 과묵하다. 특히 이론적·과학적 추구를 즐기며, 논리와 분석으로 문제를 해결하기를 좋아한다. 주로 자기 아이디어에 관심이 많으나, 사람들의 모임이나 잡담에는 관심이 없다. 관심의 종류가 뚜렷하므로 자기의 지적 호기심을 활용할 수 있는 분야에서 능력을 발휘할 수 있다.

(9) ESTP

현실적인 문제해결에 능하다. 근심이 없고 어떤 일이든 즐길 줄 안다. 기계 다루는 일이나 운동을 좋아하고 친구 사귀기를 좋아한다. 적응력이 강하고 관용적이며, 보수적인 가치관을 가지고 있다. 긴 설명을 싫어한다. 기계의 분해 또는 조립과 같은 실제적인 일을 다루는 데 능하다.

(10) ESFP

사교적이고 태평스럽고 수용적이고 친절하며, 만사를 즐기는 형이기 때문에 다른 사람들로 하여금 일에 재미를 느끼게 한다. 운동을 좋아하고 주위에 벌어지는 일에 관심이 많아 끼어들기 좋아한다. 추상적인 이론보다는 구체적인 사실을 잘 기억하는 편이다. 건전한 상식이나 사물뿐 아니라 사람들을 대상으로 구체적인 능력이 요구되는 분야에서 능력을 발휘할 수 있다.

(11) ENFP

따뜻하고 정열적이고 활기에 넘치며 재능이 많고 상상력이 풍부하다. 관심이 있는 일이라면 어떤 일이든지 척척 해낸다. 어려운 일이라도 해결을 잘 하며 항상 남을 도와줄 태세를 가지고 있다. 자기 능력을 과신한 나머지 미리 준비하기보다 즉흥적으로 덤비는 경우가 많다. 자기가 원하는 일이라면 어떠한 이유라도 갖다 붙이며 부단히 새로운 것을 찾아 나선다.

(12) ENTP

민첩하고 독창적이고 안목이 넓으며 다방면에 재능이 많다. 새로운 일을 시도하고 추진하려는 의욕이 넘치며, 새로운 문제나 복잡한 문제를 해결하는 능력이 뛰어나며 달변이다. 그러나 일상적이고 세부적인 면은 간과하기 쉽다. 한 일에 관심을 가져도 부단히 새로운 것을 찾아 나간다. 자기가 원하는 일이면 논리적인 이유를 찾아내는 데 능하다.

(13) ESTJ

구체적이고 현실적이고 사실적이며, 기업 또는 기계 쪽으로 재능을 타고난다. 실용성이 없는 일에는 관심이 없으며 필요할 때 응용할 줄 안다. 활동을 조직화하고 주도해 나가기를 좋아한다. 타인의 감정이나 관점에 귀를 기울일 줄 알면 훌륭한 행정가가 될 수 있다.

(14) ESFJ

마음이 따뜻하고 이야기하기 좋아하고, 사람들에게 인기가 있고 양심 바르고 남을 돕는 데에 타고난 기질이 있으며 집단에서도 능동적인 구성원이다. 조화를 중시하고 인화를 이루는 데 능하다. 항상 남에게 잘 해 주며, 격려나 칭찬을 들을 때 가장 신바람을 낸다. 사람들에게 직접적이고 가시적인 영향을 줄 수 있는 일에 가장 관심이 많다.

(15) ENFJ

주위에 민감하며 책임감이 강하다. 다른 사람들의 생각이나 의견을 중히 여기고, 다른 사람들의 감정에 맞추어 일을 처리하려고 한다. 편안하고 능란하게 계획을 내놓거나 집단을 이끌어 가는 능력이 있다. 사교성이 풍부하고 인기 있고 동정심이 많다. 남의 칭찬이나 비판에 지나치게 민감하게 반응한다.

(16) ENTJ

열성이 많고 솔직하고 단호하고 통솔력이 있다. 대중 연설과 같이 추리와 지적 담화가 요구되는 일이라면 어떤 것이든 능하다. 보통 정보에 밝고 지식에 대한 관심과 욕구가 많다. 때로는 실제 자신보다 더 긍정적이거나 자신 있는 듯한 사람으로 비칠 때도 있다.

[출처] 김덕배


## 라. 로르샤흐 검사(Rorschach Test)

10개의 대칭으로 된 잉크 번짐 카드로 구성되어 있다. 자유롭게 상상하여 반응하게 한다.

로르샤, 로오샤, 로샤, 롤샤 등으로도 불리는 이 검사는 1921년 스위스의 정신과 의사인 H. Rorschach가 만든 것으로 가장 대표적인 투사법 검사로 임상 연구에서 가장 널리 사용되고 있는 것이다. 이 검사의 재료는 데칼코마니 양식에 의한 대칭형의 잉크 얼룩으로 이루어진 무채색 카드(흑백카드) 5장, 부분적인 유채색 카드 2장, 전체적인 유채색 카드 3장 등 총 10장의 카드로 구성되어 있다. 검사하는 사람은 이 모든 반응을 자세히 기록해야 하며 각 반응은 채점 항목과 기준에 따라서 채점된다. 결과는 통계적인 연구자료에 의해서 해석되며, 더불어 반응의 특성과 검사 중에 피험자가 보인 행동, 카드를 다루는 방법 등 여러 가지 자료에 근거하여 종합적으로 해석된다. 따라서 이 검사는 엄격한 교육과 훈련을 받은 임상가에 의해서만 실시, 해석되어야 한다. 로르샤흐 검사는 일련의 막연하고 무의미한 잉크반점에 의해 한 사람에게서 일어나는 지각반응을 분석하여 그 개인의 인격 성향을 추론하는 정신상태 진단검사라고 할 수 있다. 다시 말해서! 이 로르샤흐 검사는 환자에게 모호하고 불규칙한 형태의 잉크 얼룩을 제시하여, 투영되는 환자의 지각반응을 분석하여 그 개인의 인격경향을 추론하는 검사로서, 불안·긴장·갈등을 측정하여 주로 개인의 성격구조(structure)를 밝히려는 것이다.

## 마. 아동용 주제 통각검사(CAT-Children Apperception Test)

아동용 주제 통각검사(CAT-Children Apperception Test)는 Bellak(1949)가 3세부터 10세 사이의 어린이들에게 실시하기 위하여 제작한 아동용 투사적 성격검사이다. 같은 종류의 검사로서 성인용에는 TAT가 있는데, 이것은 성인의 성격을 진단하는 데는 매우 유용하지만 아동들에게는 적합하지 않다. 그 이유는 TAT 도판들의 자극 장면은 성인에게 알맞게 그려져 있기 때문이다. 그래서 Bellak는 도판의 자극 장면들을 아동들에게 맞는 그림들, 즉 유아기와 아동기에 주로 나타나는 여러 가지 심리적 문제들이 쉽사리 투사될 수 있는 그림들로 바꾸고, 도판에 등장하는 주인공도 동물로 바꾸어서 아동용 검사인 CAT를 만들었다. CAT 도판에서 동물들을 등장시킨 이유는 어린이들에게는 인간 자극보다 동물 자극이 더 잘 동일시된다는 것을 가정하고 있기 때문이다.

Rorschach 검사에서는 보다 기본적인 성격 구조에 대한 정보를 얻을 수 있는 데 반해, CAT에서는 TAT와 마찬가지로 대인관계, 사회적 상호 작용, 동일시 양식 등과 같은 아동의 보다 구체적인 문제들을 반영하는 반응들이 나타난다. 이와 아울러 반응 내용에서 공포, 공격성, 애정의 원천이나 그 대상, 반응기제에 관한 단서도 얻을 수 있다. 이와 같이 CAT는 아동의 성장과정에 관계되는 문제라든지 일상생활에 관련되는 문제들을 투사시켜 아동들의 심리적 특성을 이해할 수 있게 하는 검사이다.

## 1) 검사의 구성

검사도구의 구성은 CAT 표준판 9매와 CAT 보충판 9개로 구성되었다. 도판 외에 검사요강과 기록용지가 있다.


## 2) 검사의 활용

이 검사는 투사적 성격검사로서 아동들의 내면세계를 각각의 검사도판에 투사시켜 아동들이 지니고 있는 욕구체계 및 갈등과 상황처리와 같은 성격적 특징들을 진단할 수 있게끔 만든 것이다.

## 바. K-ABC

K-ABC(Kaufman Assessment Battery for Children)는 미국의 알라바마 대학교 교육 심리학과 교수인 Kaufman 부부가 2세 6개월~12세 5개월 아동의 지능과 습득도를 사정하기 위하여 만든 종합 지능검사이다.

K-ABC는 지능(intelligence)과 습득도(achievement)를 측정하기 위해 개발된 개인지능검사이며 전국적인 표집계획에 따라 2세 6개월~12세 5개월까지의 정상아동 및 특수아동들을 표집하여 표준화하였다. 따라서 K-ABC는 취학 전 아동은 물론 초등학교 전 학년에까지 실시될 수 있으며 학교는 물론 임상장면에서 사용될 수 있다. 검사 실시에 소요되는 시간은 평균적으로 볼 때 취학 전 아동의 경우는 약 30분 정도 걸리고 초등학교 취학 아동의 경우에는 약 60분 정도가 소요된다.

K-ABC는 [순차처리척도], [동시처리척도], [인지처리과정종합척도=순차처리+동시처리], 그리고 [습득도척도] 네 개의 하위척도로 구성되어 있으며 각 하위척도는 평균 100, 표준편차 15의 표준점수를 산출하도록 되어 있다.

## 사. 시지각 발달검사(Developmental Test of Visual Perception)

시지각 발달검사(DTVP-Developmental Test of Visual Perception)는 Marianne Frostig(1966)에 의해 개발된 읽기나 쓰기에 문제가 있는 3~8세 아동들의 문자 학습 준비기능을 측정하기 위해 주로 사용된다. 검사의 시간제한은 없으며 검사 내용은 다음과 같다.

1) 검사의 내용

(1) 시각운동협응(16개 문항-VM: visual-motor coordination): 시각을 신체 운동 혹은 신체 일부와 조정시키는 능력을 측정한다. 이 검사는 쓰기 학습의 기초가 된다.

(2) 도형-배경지각(8개 문항-FG: Figure-ground perception): 복잡한 배경 속에 들어 있는 특정한 도형을 지각하여 찾아내는 능력을 측정한다. 이 영역에 장애가 있으면 한 자극에서 다른 자극으로 주의집중을 이동시키는 통제능력이 부족하여 읽기에 문제가 있다.

(3) 형의 항상성(17개-PC: perceptual constancy)-형의 항상성 지각: 시각에 비치는 상이 다르더라도 그 사물을 같은 것으로 지각하는 능력을 측정한다. 일반화하는 능력과 관계되는 것으로 글자의 위치나 크기가 변하여도 같은 글자라는 것을 아는 능력이다.

(4) 공간위치 지각(8개 PS: perception of position in space): 물체가 있는 공간과 관찰자 자신과의 관계를 지각하는 능력을 측정한다. 안과 밖, 위와 아래, 앞과 뒤의 위치가 흩어지면 문자 학습에 혼란이 있다.

(5) 공간관계지각(8개-SR: perception of spatial relationships): 둘 이상의 관련된 물체 상호 간의 공간관계를 지각하는 능력을 측정한다. 점으로 연결된 형태를 분석하고 종합하는 능력이다. 실제로 형의 항상성에서 거의 모든 아동이 낮게 측정되었으므로 해석에서 주의하여야 한다.

cf. 공간관계지각 → 특정한 물체와 다른 물체를 식별하여 인식하거나 한 사물과 다른 사물과의 관계성을 인식하는 능력

[마~아까지 출처] 이보연, 아동 가족상담센터

## 아. 기초학습기능검사(KEDI-Individual Basic Learning skills test)

기초학습기능검사(KEDI-Individual Basic Learning skills test)는 학습능력과 수행 정도를 평가하는 검사들 중 대표적인 것으로서 정보처리, 셈하기, 읽기I(문자와 낱말을 재인하고 발음하는 능력), 읽기II(독해력), 쓰기(철자의 재인) 5개 하위 소검사들로 구성되어 있으며, 유치원부터 초등학교 6학년 아동까지 실시가 가능하다. 각 소검사 원점수들은 연령규준과 학년규준에 따라 평가치로 전환되며 5개의 소검사 평가치 점수를 합산하여 전체 학년배치 수준점수가 산출된다. 이때 지능지수(IQ)에 의해 산출된 조정된 정신연령을 구하여서 각 소검사들의 점수를 조정된 정신연령과 비교하여서 학습장애 여부를 진단한다. 기초학습 기능 검사의 검사대상 아동은 유치원부터 초등학교 6학년까지이며 능력이 부족한 장애아동을 대상으로 기초 능력을 평가하는 데 사용된다. 이 검사는 학생의 학습 수준이 정상과 어느 정도 떨어지는가를 알아보거나 학습 진단 배치에서 어느 정도 수준의 아동 집단에 들어가야 하는가를 결정하는 데 도움을 주는 도구이며, 특히 학생들의 선수학습 능력이나 학습 결손상황의 파악, 학생들이 부닥치고 있는 학습장애의 현상이나 요인들을 밝혀내고 개별화 교육프로그램(IPE)을 작성하는 데 기여할 수 있을 것이다. 조기 취학 가능 여부 판별, 미취학 아동의 가능 여부 판별, 미취학 아동의 수학 여부 판별, 선수학습 능력과 학습의 결손 상황 파악, 학습장애 요인 분석, 아동의 학습수준이 정상과의 이탈 정도 판정, 각 학년별·연령별 규준 설정 등을 하는 데 도움을 주며, 학력 성취도를 쉽게 알 수 있다.

◈ 기초 학습기능 검사의 검사명 및 측정요소

　① 정보처리

　② 셈하기

　③ 읽기Ⅰ(문자와 낱말의 재인)

　④ 읽기Ⅱ(독해력)

　⑤ 쓰기


○ 심리검사-표준화 도구의 요건


## 가. 신뢰도


1) 의미

신뢰가능성, 안정성, 일관성, 예언가능성 등으로 표현되며 이론적으로 제작된 검사가 관심의 대상이 되는 특성에 대한 실제 측정치와 얼마나 일치하는지를 나타낸다.


2) 종류

**(1) 검사-재검사 신뢰도**

① 시간 경과에 따른 검사의 안정성을 의미한다.

② 일정 시간간격을 두고 검사를 2회 실시하여 상관계수를 구한다.

③ 상이한 시점에서 실시된 두 검사 사이의 상관계수이기 때문에 '안정도 계수'라고도 한다.

④ 단점

- 두 검사 사이의 시간간격을 너무 길게 할 경우 측정대상의 속성이나 특성이 변화될 가능성이 높다.
- 재검사로 시간도 오래 걸리고 경비도 이중으로 든다.

## (2) 동형검사 신뢰도

① 연구자가 개발한 검사와 가능한 여러 면(내용, 반응과정, 통계적 특성 등)에서 동일한 다른 검사를 개발하고, 두 점수 간의 상관계수를 구해서 검사의 신뢰도를 알아보는 방법이다.

② 일정한 시간간격을 두고 검사를 2회 실시하되, 처음에는 A형 검사를, 재검사 시에는 B형 검사를 실시한다.

③ 동등계수: 개발한 검사 A를 한 집단에 실시하고, 동형의 검사 B를 비러 이어서 실시한 후, 두 검사 점수 사이의 상관계수를 구하는 것이다.

④ 단점: 시간과 비용이 많이 들고, 동형의 검사를 개발하기가 쉽지 않으며 두 검사가 서로 동질적이라는 보장을 하기 어렵다.

## (3) 반분신뢰도

① 검사를 한 집단에게 실시하고 전체 검사문항들을 반으로 나누어 하위검사 1, 2로 만든 다음 모든 사람들이 두 하위검사 사이에서 얻은 점수 사이의 상관계수를 구하는 방법이다.

② 검사를 한 번에 실시하면 되기 때문에 시간과 비용 면에서 절약된다.

③ 한 번의 검사 실시로 측정 속성의 변화, 이월효과, 반응민감성 등 문제점을 극복할 수 있다.

④ 단점: 전체 문항들을 반으로 나누는 데 많은 방법이 있으며 각 방법에 따라 신뢰도 추정이 달라진다.

**(4) 내적 합치성(일관성)**

① 검사의 모든 문항들 간의 일관성(동질성)을 확인하는 것이다.

② Kuder-Richardson: 응답방식이 진위형인 경우에 실시한다.

③ Cronbach's a: 응답방식이 Likert식 평정척도 등 응답 문항유형이 여러 종류에 실시한다.

④ 1회만 실시한다는 장점이 있지만 검사 내용이 이질적일수록 신뢰도 계수가 낮아지는 경향이 있으므로 이러한 경우 반분신뢰도나 그 외 신뢰도 추정방법을 사용하는 것이 바람직하다.


**3) 신뢰도 계수에 영향을 주는 요인**

① 검사대상이 되는 집단의 개인차가 클수록 검사점수의 변량은 커지고, 신뢰도 계수도 커지게 된다.

② 검사 문항의 수가 많을수록 신뢰도는 높아진다.

③ 피험자 집단이 동질적일수록 신뢰도 계수는 낮아진다.

④ 시간제한이 없는 검사의 경우 검사시간에 기인한 검사 수행의 일관성 때문에 신뢰도 추정치가 부당하게 증가된다.

⑤ 신뢰도는 검사시간이 길어짐에 따라 증가하며 검사시간이 길어짐에 따라 증가의 폭은 감소한다.


## 나. 타당도


**1) 의미**

검사가 측정하고자 하는 것을 제대로 측정하고 있는지?

검사에 필요한 정보를 얻을 수 있는지?

## 2) 종류

### (1) 내용타당도(content validity)

① 검사가 재고자 하는 구성개념의 영역을 문항들이 얼마나 잘 대표하고 있
는지에 관한 것이다.

② 수량적이지 못하고 검사 제작자나 전문가의 판단에 의존한다.

③ 성격검사나 적성검사보다 능력이나 숙달 정도에 관한 검사에서 중요하
게 다루어진다.

④ 안면타당도: 그 검사가 실제 무엇을 측정하고 있는지와 관련되어 있는
것이 아니라 어떤 검사가 무엇을 측정하고 있는 것처럼 보이는지와 관련
된다.

### (2) 준거관련 타당도(criterion-related validity)

① 공인타당도(concurrent validity): 동일 특성을 측정하는 다른 검사와의
상관계수로 측정한다.

② 예언타당도(predictive validity): 미래의 행동을 예언하는 정도이다.

③ 공인타당도는 관심 있는 동일 특성을 측정하는 검사 외 다른 대안적 방
법에서 측정된 내용과의 관계를 보는 것이며 예언타당도는 미래 행동과
의 관계를 보는 것이다.

### (3) 구성(구인)타당도

① 검사가 재고자 하는 이론적 구성개념에 맞게 검사에서 재어지는 정도를

나타낸다.

② 검사점수와 검사에서 측정하고자 하는 변인과의 관계를 검토할 뿐만 아니라 검사가 측정하고자 하는 영역과 직접적인 관계가 없는 변인과의 관계도 검토한다.

③ 구인을 구하기 위하여 요인 분석법을 주로 사용한다.

3) 타당도에 영향을 미치는 요인

(1) 검사도구 및 그 내용

-측정의 길이: 질문이 길어져 조사대상자가 실증을 느끼면 편의주의적·형식적 응답이 발생한다.

-문화적 요인: 관례상 사용되지 않는 단어나 문구 포함 시 문제가 발생한다.

-개방형 질문과 폐쇄형 질문: 개방형 질문 시 응답자의 능력·교육수준에 영향을 받는다.

-기계적인 요인: 질문지의 탈자, 오자, 읽기 어려운 단어·페이지의 누락 등은 오해를 유발한다.

(2) 환경적 요인

-대인면접 시 면접자의 개인적 특성의 영향과 개방형 질문의 경우 타인의 영향을 받는다.

-측정도구를 완성하는 데 필요한 제시의 명백성이 요구된다.

(3) 개인적 요인: 응답자의 사회경제적 지위—직업, 소득, 교육수준 등과 성별, 연령 등에 따라 오류가 있을 수 있다.

(4) 사회적 요인: 응답자들이 진실을 밝히기보다는 사회적으로 바람직하다고 하는 것을 응답하는 경향이 있다.

(5) 검사자의 편견이 오류를 발생할 수 있다.


4) 객관도

측정의 결과에 대한 여러 검사자가 어느 정도 일치된 평가를 하느냐의 정도
를 말한다.


5) 실용도

한 개의 평가도구를 시간과 정력을 적게 들이고 소기의 목적을 달성할 수
있느냐의 정도를 말한다.


○ **측정과 평가**


**측정**(測定, measurement)은 일정한 기준을 가지고 어떤 대상의 크기를 수
치화하는 것으로, 측정의 단위로 비교한다. 측정은 주로 자나 저울 같은 측정
장비를 통하여 이루어지며, 이들 장비에는 도량형의 기준과 비교하도록 눈금
이 매겨져 있다. 정확한 측정이 필요한 과학에서는, 측정값을 측정값과 오차
범위, 신뢰도를 사용하여 표현한다(위키백과).


**평가**(評價, Evaluation)는 어떤 대상의 가치를 규명하는 일이다.

교육에서의 평가는 성과의 판단, 부동산이나 주식 등 재산적 가치의 판단,
골동품 등 물건 가치의 판단, 공학에 있어서의 기술이나 제품의 우열이나 성능
등의 판단, 면접 태도 등에 의한 인품 판단 등, 여러 가지 측면에서 실시되고
있다. 평가는 몇 개의 항목이나 관점으로 나누어서 이루어지는 경우가 많다.

비슷한 의미로 이용되는 말로서 평정을 들 수 있는데, 평정은 "여러 가지 평가를 종합하고, 최종적으로 결정된 평가"로서 엄밀한 의미에서는 성격이 다른 것이다(위키백과).

○ **심리측정**

## 가. 심리측정의 정의 및 구성

상황적 조건에 따라 달라질 수 있는 개인의 행동을 대표할 수 있는 행동을 표집하여 추상적 구성개념을 간접적으로 측정하는 과정이다.

1) 검사 척도의 구성
① 이론적 접근 방식: 측정하고자 하는 이론적 구성개념을 문항이 다루고 있는가?
② 경험적 접근 방식: 검사제작의 첫 단계에서 측정하고자 하는 구성개념의 조작적 지표를 경험적 방식에 따라 결정한다.
③ 절충식 접근 방식: 문항은 먼저 이론에 따라 작성되지만 문항의 심리측정적 속성과 경험적인 관계에 따라 선정한다.

2) 심리적 구성개념 측정의 문제점
① 어떤 구성개념도 보편적으로 받아들여지는 유일한 측정방법은 존재하지 않는다.
② 심리측정은 보통 제한된 표본의 행동들을 근거로 한다.

③ 측정은 항상 오차 가능성이 있다.

④ 측정척도상에 잘 정의된 단위가 없다는 사실은 여전히 또 하나의 문제를 제기한다.

⑤ 심리학적 구성개념은 조작적 정의의 측면에서만 정의될 수 없고 다른 구성개념 혹은 관찰이 가능한 현상과의 관계를 입증해야만 한다.


## ○ 심리검사도구 개발


### 가. 심리검사도구 개발과정


1) 검사제작 계획의 수립

① 검사의 주요 용도를 정한다.

② 측정될 구성개념을 대표하거나 검사영역을 정의하는 행동을 찾아낸다.

③ 검사제작 계획서를 작성한다(소요시간, 문항유형, 문항 수, 지시사항, 시행절차, 채점방법 등을 결정).


2) 예비문항 수집

① 문헌고찰, 면접, 행동관찰 등을 통하여 예비문항을 수집한다.

② 이때 예비문항의 수는 본 문항 수의 약 4배수는 되어야 한다.


3) 내용타당도 분석

① 관련 전문가들에게 예비문항의 적합성을 평정하도록 한다.

② 불필요한 문항들을 제거하고, 예비검사를 제작한다.

4) 예비검사 및 요인분석, 문항분석

① 예비검사를 실시한다(대상자 수는 문항 수의 약 3배수).

② 요인분석을 실시하여, 요인에 포함되지 않는 문항들을 제거한다.

③ 문항분석을 실시하여 부적절한 문항을 제거한다(문항난이도, 문항변별도, 문항반응분포, 검사점수분포, 문항편파성, 문항 내적합치도 등을 분석).


5) 본 검사 및 타당도, 신뢰도, 규준 작성

① 본 검사를 제작한다.

② 본 검사를 실시한다. 이때 모집단의 대표적 집단을 표집으로 해야 하며, 표집은 cell당 100명 이상이어야 한다. 사전에 검사자 훈련을 해야 한다.

③ 타당도 분석, 신뢰도 분석을 한다.

④ 규준(norm)을 작성한다.

⑤ 검사사용설명서(검사요강)를 작성한다.


## 나. 초기문항 선정

1) 예비문항

① 관심의 초점이 되는 특성이나 기능을 중심으로 선정되며 타당도 과정으로 거치면서 많은 문항이 탈락되기 때문에 처음부터 많은 문항으로 시작하는 것이 바람직하다.

② 안면타당도를 바탕으로 문항이 선정되지만 포괄적인 이론을 근거로 하여 특정한 검사에 어떤 문항이 포함되어야 하는가를 검토하여 선정하는 것이 좋다.

③ 많은 제작자들이 참여하는 것이 바람직하다.


2) 문항 형식

① 반응선택

-개방형

-제한형: 진위형(네/아니오), 선다형

② 피검자가 반응하는 과정을 관찰하고 분석: 개방형이나 투사형 문항이 적절

③ 반응과정보다 반응양식에 관심: 강제선택형, 선다형

④ 객관적 문항: 정답 제시(강제선택형, 선다형, 융통성 있는 반응을 허용하
  는 문항)

⑤ 투사적 문항: 검사 자극이 모호하고 불명확해서 정답이 없다.


## 다. 실시과정의 표준화


1) 조건

① 표준 실시 방식

② 표준 채점 방식 실시


2) 문항

① 선다형과 강제선택형: 실시과정의 표준화 조건을 쉽게 충족시킨다.

② 개방형: 표준 실시가 어렵다. 표준 실시는 검사자가 동일한 방식으로 지
  시를 내리도록 하고 가능한 표준 지시 방식에 따라 기본 사항만을 말하
  도록 요구된다.

## 라. 척도의 표준화

### 1) 명명(목)척도

① 사물을 구분하기 위하여 이름을 부여하는 척도다.

② 일대일 변환으로 하나의 사물에 하나의 이름을 부여한다.

예) 성별, 인종, 색깔 등

### 2) 서열척도

① 사물의 등위를 나타내기 위해 사용하는 척도로 성적 등위 혹은 어떤 능력서열을 말한다.

② 척도단위 사이의 등간성이 존재하지 않는다.

예) 학생들이 얻은 점수를 등위로 변환. 설문 조사에 사용

예) 매우 그렇다~그렇지 않다.

### 3) 등간척도

① 똑같은 간격에 똑같은 단위를 부여한다. 즉 등간성을 지닌다.

② 임의영점과 임의단위를 지니고 있다(절대영점이 존재하지 않는다).

③ 덧셈법칙은 성립하나 곱셈법칙은 성립하지 않는다.

예) 온도, 지능지수

### 4) 비율척도

① 똑같은 간격에 똑같은 단위를 부여한다. 즉 등간성을 지닌다.

② 절대영점과 임의단위를 지닌다.

③ 덧셈법칙, 곱셈법칙 모두 적용

예) 거리, 무게 등


## 마. 문항 분석

1) 고전검사 이론

**(1) 문항난이도**

① 각 문항의 어렵고 쉬운 정도를 알려 줌으로 문항의 상대적인 효율성 분석.

② 문항의 난이도는 특정 문항을 맞춘 사람들의 비율로서 보통 P로 표시하고, .00에서 1.00 사이의 값을 가지며 값이 높을수록 문항이 쉬움을 의미한다.

③ 문항난이도: 문항의 답을 맞힌 피검자 수/문항에 응답한 전에 피검자 수 ×100

④ .2 이하이거나 .8 이상인 문항: 최종 문항 선정 시 검토


**(2) 문항변별도**

① 한 문항이 피검자를 얼마나 잘 변별하여 주는가를 나타낸다.

② 변별력이 높은 문항은 문항점수를 통해서 검사점수가 높은지 낮은지를 정확하게 아는 데 기여하며, 이는 문항과 검사가 동질적이라는 것을 의미한다고 볼 수 있다. 즉 변별력이 높다면 이 문항은 검사의 신뢰도를 향상시킨다.

③ 문항에 대한 피검자의 문항점수와 피검자의 전체 검사점수의 상관계수에 의해 계산한다.

④ 지수: (상위점수 피검자 수-하위점수 피검자 수)/양 집단의 피검자 수

(phi 계수 사용)

### (3) 문항추측도

① 피검자 중에 추측에 의해 문항을 답하는 경우가 있는데, 이를 추정하기 위해 전체 피검자 중에서 문항의 정답을 알지 못하며 추측으로 답한 피검자 수와 그중 정답을 맞힌 피검자 수를 알아내는 것이다.

② 추측을 한 피검자를 실제 알 수 없으므로 검사에서 문항의 답이 틀린 피검자 수의 정보를 가지고 추측을 통해 피검자의 수를 파악한다.

## 2) 문항 반응 이론

### (1) 기본가정과 불변성의 개념

① **일차원성 가정:** 한 특성으로 문항점수나 문항들의 상호관계를 설명한다는 뜻으로, 문항 반응이론에서는 한 검사의 모든 문항들이 오직 하나의 잠재적 특성을 측정한다는 가정이다.

예) 수리력 검사로 피검자의 수리능력 측정: 문항이 어려운 단어로 구성되어 있다면 검사는 피검자의 언어능력까지도 측정하게 된다. → 일차원성 가정 위배

② **독립성 가정:** 한 검사의 문항에 대한 반응은 각각 통계적으로 상호 독립적이어야 한다. 특정 문항에 대한 반응은 다른 문항의 반응에 영향을 미치지 않으며 피검자의 능력과 문항의 특성에 의해서만 문항 반응이 결정된다.

③ **불변성의 개념**

㉠ 문항특성 불변성: 문항의 특성인 문항난이도, 문항변별도, 문항추측도

가 피검자의 특성에 의해 변화하지 않는다.

ⓛ 피검자 능력 불변성: 피검자의 능력은 어떤 검사나 문항을 택하느냐에 따라 변화되는 것이 아니라 고유의 능력 수준이 있다.

### (2) 문항곡선특성

피검자의 능력 수준에 따라 문항의 정답을 맞힐 확률을 표시하는 S 자 곡선

### (3) 문항난이도

① 문항반응이론에서 문항난이도는 문항이 어느 능력 수준에서 기능하는가를 나타내는 지수로, 문항의 어려운 정도를 위치지수로 나타낸다.

② 높은 능력수준에서 기능하는 문항은 어려운 문항이 되고, 낮은 능력수준에서 기능하는 문항은 쉬운 문항이 된다.

③ 위치지수로 표현되는 문항난이도는 각 문항의 답을 맞힐 확률이 .5인 위치에 해당하는 척도상의 점을 말하며, 주로 ß 또는 b로 표기

④ 문항난이도 범위

| 언어적 표현 | 문항난이도 지수 |
| --- | --- |
| 매우 쉽다 | $-2.0$ 이하 |
| 쉽다 | $-2.0 \sim -.5$ |
| 중간이다 | $-.5 \sim +.5$ |
| 어렵다 | $+.5 \sim +2.0$ |
| 아주 어렵다 | $+2.0$ 이상 |

### (4) 문항변별도

① 문항반응이론에서 문항변별도는 문항이 피검자의 능력에 따라 변별하는

정도를 나타내 주는 지수로, 문항특성곡선에서 각 문항의 문항난이도를
나타내는 위치에서의 기울기로 계산된다.

② 문항특성곡선상의 문항의 정답을 맞힐 확률이 .05에 해당하는 점에서
문항특성곡선의 기울기를 의미한다.

③ 문항변별도는 a 또는 a로 표기하며, 범위는 이론적으로 $-8 \sim +8$까지 가
능하지만 일반적으로 $0 \sim +2.0$ 정도까지이며 값이 높을수록 양질의 문항
이다.

④ 문항변별도 범위

| 언어적 표현 | 문항변별도 지수(로지스틱 모형) |
| --- | --- |
| 없다 | .00 |
| 거의 없다 | .01 ~ .34 |
| 낮다 | .35 ~ .64 |
| 적절하다 | .65 ~ 1.34 |
| 높다 | 1.35 ~ 1.69 |
| 매우 높다 | 1.7 이상 |
| 완벽하다 | +8 |

### (5) 문항추측도

① 능력이 전혀 없는 피검자가 답을 맞힐 확률 c로 표기한다.

② 범위: $0 \sim 1.0$까지이지만, 1/(응답개수)보다 낮은 확률 값. 즉 5지선다형
문항에서 문항추측도의 범위는 $0 \sim .2$ 사이이다.

③ c값이 높을수록 좋지 않은 문항. 이런 경우 전혀 능력이 없는 학생들도
답을 맞힐 확률이 높아지므로 문항 안에 정답을 암시하는 요소가 들어
가 있다고 해석할 수 있다.

### (6) 고전문항이론과 문항분석이론의 비교

|  | 고전검사이론 | 문항반응이론 |
| --- | --- | --- |
| 1. 기본가정 | 관찰점수는 진점수와 오차점수 | 문항특성곡선에 근거 |
| 2. 진점수 추정 | 반복측정 가정 | 반복측정 불필요 |
| 3. 문항모수 설명 | 비교적 간편한 계산공식 | 복잡한 수리적 모형 |
| 4. 문항특성 추정 | 피검자의 특성에 의해 변화 | 피검자의 특성에 영향받지 않음 |
| 5. 피검자 능력 추정 | 검사도구의 특성에 의해 변함 | 불변성 |
| 6. 측정오차 | 피검자에 따른 측정오차 동일 | 피검자에 따른 측정오차 상이 |
| 7. 신뢰도 검증 | 오차점수의 분산과 관계있음 | 검사정보함수는 피검자 능력수준에 따라 다름 |

### 3) 차별기능문항(편파성 문항)

① 차별기능문항(DIF)이란, 문항의 능력이나 피검자의 능력은 동일한데도 불구하고 소속된 집단의 특성 때문에 정답을 맞힐 확률이 달라지는 문항이다.

② 측정하고자 하는 기질의 실제적인 차이보다는 다른 집단 특성들, 특히 인종, 민족, 성별 등 또는 연령, 키, 왼손/오른손잡이 등 차이에 따라 달라진다.

### 4) 문항반응분포

① 적성검사나 성취검사같이 정답이 있는 선다형의 문항에서 각각의 선택지를 택한 사람이 몇 명인지를 분석하는 기법이다.

② 바람직한 문항이라면 응답자들이 정답 이외에 다른 선택지를 택할 확률이 비슷해야 한다.

## 5) 검사점수의 분포–정규분포곡선

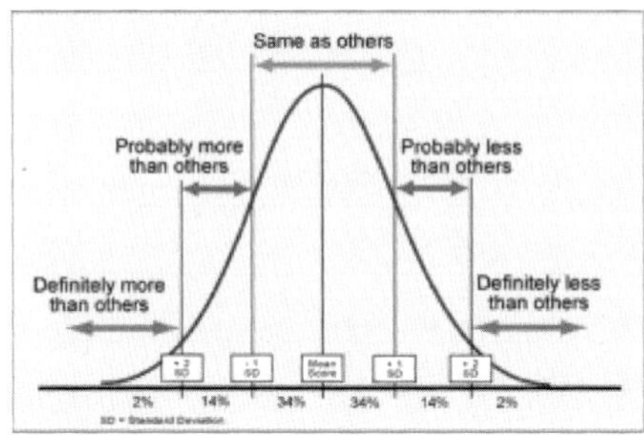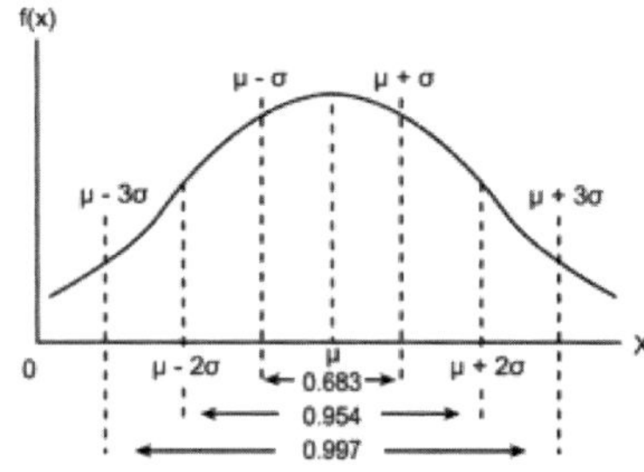

## 6) 요인 분석

① 하나의 검사가 단일한 구성개념이나 속성을 평가하고자 시도했던 목적
이 달성되었는지를 검토하는 데 사용된다.

② 요인분석 방식

- 주성분 분석: 문항들 간의 상관계수 매트릭스를 가지고 주성분 분석을
하면 첫 번째 주성분이 얼마만큼의 변량을 설명하는지 알 수 있다.

- 공통요인 분석: 자료 축소와 자료 속에 잠재되어 있는 속성들을 찾아내
는 방법이다.

- 문항편파성: 두 집단의 개인들이 동일한 속성 수준에 있지만 집단 특성
때문에 어떤 문항의 정답을 맞힐 확률이 다르면 그 문항은 편의되어 있다
고 할 수 있다.


## 7) 문항편파성

① 두 집단의 개인들이 동일한 속성 수준에 있지만 집단 특성 때문에 어떤
문항의 정답을 맞힐 확률이 다르면 그 문항은 편의되어 있다고 할 수 있다.

② 문항들이 어떤 특정한 집단에 불리하거나 유리하게 편포되어 있는 것이다.

바. 척도 개발

1) 문항의 경험적 속성을 이용하여 척도를 구성하는 방법

① 두 집단을 최대한 변별해 주는 일련의 문항들을 척도로 구성한다.

② 준거와 높은 상관을 보이는 일련의 문항들을 척도로 구성한다.

③ 요인분석 결과, 하나의 요인으로 밝혀진 일련의 문항들을 척도로 구성한다.

2) 척도의 길이

① 이론적인 기준으로 관심의 대상이 되는 영역이 적절하게 표집되었다는 것을 확신할 수 있어야 한다.

② 실제적인 기준으로서 실시 시간이 적절해야 한다.

③ 절차상의 문제로 임상적인 정보를 적게 제공하면서 지나치게 실시상의 어려움을 주는 문항은 삭제되어야 한다.

## 사. 표준점수

### 1. 원점수(raw scores)

개인 간 비교가 불가능하다.

### 2. 표준점수(standard scores)

1) Z 점수

① 집단의 평균이 0, 표준편차가 1인 정규분포곡선(z 분포)을 사용하여, 집

단 내에서의 개인의 상대적인 위치를 알려 주는 수치다.

② 원점수로부터 표준점수를 구하는 공식

$z=(Xi-M)/SD$, 'z점수=(원점수-집단평균점수)/표준편차'

③ 개인의 상대적인 위치를 알려 주는 가장 정확한 수치이지만, 소수점으로 표현되므로, 사용하기에 불편하다는 단점이 있다.

2) T점수(T scores)

① z점수에 임의의 표준편차를 곱하고, 임의의 평균을 더하여, 사용하기에 편리한 수치로 전환시킨 것이 T점수이다.

② 공식 T=(z점수×임의의 표준편차 값)+임의의 평균값

지능검사와 적성검사의 경우, 표준편차는 15, 평균은 100으로 전환하고, 성격검사의 경우, 표준편차는 10, 평균은 50으로 전환하는 것이 약속된 관행이다.

**지능검사의 경우**, $T=(z×15)+100$ 또는 $T=(Xi-M)/SD×15+100$
**성격검사의 경우**, $T=(z×10)+50$ 또는 $T=(Xi-M)/SD×10+50$

3) 스테나인

① 점수의 범위는 1~9이며 평균은 5점. 1점과 9점을 제외했을 때 2점의 표준편차

② 백분점수의 범위를 나타낸다. 예) 수학능력 시험

| 스테나인 | 1 | 2 | 3 | 4 | 5 | 6 | 7 | 8 | 9 |
| --- | --- | --- | --- | --- | --- | --- | --- | --- | --- |
| 백분율 | 4% | 7% | 12% | 17% | 20% | 17% | 12% | 7% | 4% |

③ 장점-소수점이 없는 정수 점수. 계산이 간편하다.

④ 단점-단일점수가 점수의 범위를 나타내가 때문에 정밀하지 못함. 사람들이
한 수치가 여러 원점수를 나타낼 수 있다는 것을 이해하지 못할 수 있다.

4) 백분위 점수(percentile scores)

• 백분위 점수는 표준화집단에서 특정 원점수 이하에 떨어지는 사례의 비율이다.

• 계산이 쉽고 통계를 잘 모르는 사람도 이해하기 쉽다는 장점이 있다.

그러나 중앙치 부근의 원점수 차이는 과장되는 반면 양극단의 원점수 차이
는 축소된다는 단점이 있다.

## 5. 관찰기록과 평가

○ 관찰기록

미술치료의 초기에 치료사가 개인 집단을 위해 계획을 세우는 것은 미술치
료를 효과적으로 수행하기 위한 필수적인 조건이듯이, 미술치료과정을 기록하
는 것도 매우 중요하다.

이러한 중요한 기록을 위해서는 관찰이 중요한데 무엇보다 치료사가 무엇
을 어떻게 관찰하여야 하는지에 대한 전문적인 훈련이 전제되어야 한다. 미술

치료의 과정을 관찰하여 기록하는 방법은 여러 가지가 있다. 예를 들어 CCTV를 이용하여 치료과정 전체를 녹화하여, 회기 후에 치료사가 다시 보는 방법이나 녹음을 하는 방법이 있다. 또한 치료 중에 치료사가 중요한 것을 메모하여, 회기가 끝난 후에 상세하게 다시 기록하는 방법 혹은 회기가 끝난 후에 관찰에 대한 기록을 정리하는 방법이 있다.

어떠한 방법이든 치료사가 환자나 내담자의 미술치료과정을 기록하기 위해서는 기본적으로 다음과 같은 사항들을 준비하여 작성할 수 있어야 한다.

## ○ 회기별 기록

1) 전체 사항
* 환자이름:
* 일시/회기:
* 장소:
* 시간:
* 주제:
* 대상: (개인, 소집단, 집단, 가족 중 선택)
* 참여자: 집단원(인원수, 이름), 치료사, 감독자, 실습생, 보조자 등
*계획안: 각 회기 계획안(전체 회기 계획안은 관찰자의 앞부분에 부착)

2) 주요 기록사항
• 치료 상황에 대한 일반적 분위기
• 앞 회기와 비교하여 변화된 점(미술활동, 내용, 행동, 언어, 기분, 감정표

현, 타인과의 상호관계 등)

- 출석 여부: 규칙적 출석, 불규칙적 출석·결석

- 지속적으로 반복되던 그림양식에서 변화된 표현

- 매체사용이나 행동에 과잉반응 혹은 무관심하거나 미비한 반응

- 치료실에 비치한 과도기 대상(예: 곰 인형이나 천 인형 등)에 대한 반응

- 치료 목적과 활동에 대한 재고찰 혹은 변경


3) 미술치료과정의 상황(치료사 개입과 반응)

*** 치료사와 환자의 관계에 대한 관찰은 주로 감독자가 슈퍼비전을 위해 실시**

- 치료사는 환자와 거리를 두는가?

- 환자를 무시하는가?

- 치료 진행을 위한 도입을 잘하는가?

- 특정환자만 접촉하거나 관심을 주는가?

- 활동 중에 너무 잦은 개입을 하는가? 환자가 사용하는 재료에 불만을 갖는가?

- 필요한 상황에 적절하게 개입을 하는가?

- 집단일 경우에는 각 집단원에 대한 개입을 골고루 하는가?

- 자신의 이야기를 많이 하는가? 아무런 활동이 일어나지 않을 때, 좌절하거나 불안해하는가?

- 환자의 기분이나 행동에 너무 잘 맞추려고 하는가?

- 환자에게 방향감각을 주기 위해 환자의 이름을 부르는가?

- 회기 동안 말없이 있는가? 개인적 질문에 상세한 대답을 하는가? 혹은 당황하는가?

| 매체에 대한 반응 | 미술치료사에 대한 반응 | 집단원들에 대한 반응 |
| --- | --- | --- |
| * 매체에 대한 접근을 두려워 하는가? 매체에 대해 저항을 하는가?<br><br>* 바로 접근하는가?<br><br>* 재료선택에 곤란을 겪는가?<br><br>* 재료를 쉽게 다루는가? 파괴하는가?<br><br>* 재료무분별하게 선택하는가?<br><br>* 재료를 자주 바꾸는가?<br><br>* 신체적문제점은 있는가? (예: 정확하게 보지 못 함, 떨리는 현상, 틱 증상 등) | * 치료사를 무시하는가? 치료사에 대해 겁을 내는 것 같은가?<br><br>* 치료사의 관심을 끌기 위한 행동을 많이 하는가?<br><br>* 치료사와 눈 마주침을 하는가?<br><br>* 환자의 공격적이거나 자극적 행동에 치료사가 개입하면 어떤 반응을 보이는가?<br><br>* 치료사가 환자의 활동에 관심을 보일 때 어떤 반응 보이는가? | * 다른 집단원들을 인식하거나 수용하는가?<br><br>* 타인에게 접촉을 먼저 시도 하는가?<br><br>* 타인이나 타인의 작업에 대해 비판적, 공격적, 혹은 호의적 태도를 보이는가?<br><br>* 자신의 문제에 대해 말할 수 있는가?<br><br>* 타인들과 눈 마주침을 하는가?<br><br>* 집단을 주도하는가?<br>* 특정한 사람만 교류하는가? |

**〈표 4 - 2〉 미술치료과정의 상황(환자의 반응)**

## 4) 미술작업 결과

| 작품에 대한 서술 | 작품에 대한 환자의 반응 | 작품에 대한 치료사 반응 |
| --- | --- | --- |
| * 색에 대한 서술<br><br>* 필체의 질에 대한 서술<br><br>* 형태에 대한 서술<br><br>* 재료 사용<br><br>* 발달단계의 관점에 따른 고찰<br><br>* 갈등영역(지우기, 생략, 왜곡, 잦은 그림자 사용)<br><br>* 내용과 아이디어의 원천체크<br><br>* 주제가 제시되었다면, 주제와 관련된 작업인가?<br><br>* 과거와 현재의 미술작업 사이에 연관성 혹은 차이점을 발견하는가?<br><br>* 반복적으로 사용하는 색과 형태에 관한 관점<br><br>* 작업구성에 조직성, 공간사용, 운동성 세부묘사, 내용, 노력의 투자 정도 | * 작품과 내용에 대해 열정적으로 서술하는가?<br><br>* 작품의 질에 대해 환란을 일으킨 것처럼 보이는가?<br><br>* 작품에서 분명하게 보이는 혼란에 대해 의견을 피력하는가?<br><br>* 자신의 노력에 대해 만족하는가?<br><br>* 작품이 자신 내면의 상황들을 반영한다는 의식을 하는가?<br><br>* 환자가 말하는 것과 작품이 전하는 메시지 사이에 모순이 있는가?<br><br>* 항상 결과에 대해 불만족을 갖는가?<br><br>* 무관심한가? 과도한 애착을 보이는가? | * 과도한 칭찬을 하는가?<br><br>* 관심을 가지고 주의 깊게 감상 하며 격려를 하는가?<br><br>* 혼란스런 혹은 공격적 내용에 대해 놀라는가?<br><br>* 환자의 재능과 능력에 대해서 부러워하는가? |

**〈표 4 - 3〉 미술작품 결과 평가**

## 5) 치료사의 평가

**미술작품**

* 특별한 결손   * 능력, 왜곡

* 시각기능   * 운동기능

* 개선점   * 퇴행

---

**개인의 활동과 태도**

* 지시에 따름

* 주의력 기간

* 과제 기획

* 자율적 활동

* 집단활동참여

* 준비와 정리

* 도구와 재료관리

---

**개인에 대한 관점**
(작품과 행동에 연관하여)

* 자아상(성적정체성, 자존감, 자아 – 이상)

* 타인(집단원, 권위적 존재, 가족)과의
  관계에 대한 자아수용

* 현실감각(신체적도식, 외곡, 주체성 상실)

* 사고과정
  (기억, 판단력, 구체적/추상적 사고)

* 방어기재   * 태도(기분상태, 활동상태)

* 자기인정   * 창의적 반응, 지적 능력 사용

* 문제해결   * 자아실현   * 자기 표현력

* 활동의 집중력   * 자기 애적 활동

* 과도한 의존   * 퇴행적 행동

---

**운동, 감각능력의 변화**

* 손·눈·협응

* 손과 손가락 숙련

* 도구와 재료 다루기

* 대근육(소근육)운동발달상태

* 공간감각력   * 촉각적 반응

---

**인지적 상태**
* 시각적 기억력
* 자기 의식화
* 전체적 파악능력
* 시간/시제와 일치
* 공간적 관점의 수용
* 색채인식과 형태분별
* 양의 분별
* 방향인식

# 미술치료와 통합적 접근의 실제

# 미술치료와 통합적 접근의 실제

## 1. 미술과 미술치료

"예술은 바로 치료이다"라고 말한 Beuys(1991)는 인간이 지닌 창의성을 바탕으로 예술을 치료에 연결시키려는 시도를 하였다.

예술을 통하여 모든 인간은 자신의 고통을 극복하고 삶에 의미를 부여하는 능력을 가지게 되고, 미적 활동이 지닌 치료적 기능으로 인해 창작은 바로 자신을 치유할 수 있는 것을 의미한다고 주장하였다.

Naumberg는 미술을 치료에 이용하기 시작한 이유는 미술이 언어보다는 자신에게 일어나는 내적인 욕망이나 꿈, 환상을 직접적으로 표현하도록 하며, 무의식이 그림에 투사됨으로써 언어적 표현이 지니는 검열기능이 약화되어 치료과정이 촉진되고 전이 문제가 쉽게 해결될 수 있어 내담자의 통찰에 미술 작품이 큰 유익이 된다는 사실 때문이라고 했다.

Naumberg는 정신분석지향적 미술치료의 장점을 말보다는 그림으로써 자신에게 일어나는 내적 욕망이나 꿈, 환상을 직접적으로 표현하고 있다고 하였으며, 상담자는 내담자가 자발적으로 그림을 그리게 도와주고 그려진 그림에 대해 스스로 해석할 기회를 주었다.

또한 그림 표현과 해석, 그림의 상징성을 중시하였다.

Kramer는 미술치료의 역할은 해석이 아니고 승화와 통합과정을 도와주는 것이라고 주장하였으며 작품을 만드는 그 과정 자체를 치료라고 보았다.

Ulman은 미술치료는 치료적 측면과 창조적 측면을 다 내포하고 있다고 보았다.


## ○ 미술의 의미와 가치

아동들은 자신의 생각, 감정, 상상을 마음껏 표현할 수 있는 미술활동을 좋아한다.

미술은 아동이 어떤 결과의 두려움이나 환경으로부터의 보복 없이 대인간 관계를 창조하고, 상징적으로 소망을 이루고, 자극을 통제하고, 감정과 욕구를 표현하기 위해 사용될 수 있다.

미술의 특징과 의미와 가치는 다음과 같다

- 미술은 심상의 표현이다.

- 미술은 비언어적 수단이므로 통제를 덜 받게 된다.

- 미술은 즉시에 구체적인 유형의 자료를 얻을 수 있다. 즉 눈으로 보고 직접 만질 수 있다. 어떤 내담자는 단 한 번의 작품에서도 자신의 감정을 느낄 수 있다.

미술작품은 보관이 가능하므로 자료의 영속성이 있고 내담자가 만든 작품을 필요한 시기에 다시 재검토할 수 있다. 내담자의 작품 변화를 통해 치료과정을 한눈에 이해할 수 있다.

미술은 공간성을 지닌다. 자신의 가족을 그림이나 조소 작품으로 묘사하여 가깝고 먼 가족, 결합과 분리, 유사점과 차이점, 가족의 생활환경 및 속성을 표현할 수 있고 그것은 우리의 경험을 반영하는 것이다.

미술은 창조성과 신체적 에너지를 유발한다. 미술작업을 하면서 토론하고 감상하고 정리하는 시간을 통하여 체내의 에너지 정도가 변화함을 느낄 수 있고, 연극이나 영화의 역할을 맡은 배우처럼 창조적 에너지를 발산할 수 있다.

아동상담에서는 다양한 아동의 미술작품 중에서도 그림이 가장 많이 활용된다.

다음은 아동의 표현양식과 아동의 심리적 특징 간 관계를 설명한 것이다.

- 그림은 언어의 상징이다.
- 그림은 자아상의 표현이다.
- 그림은 창조적 사고의 표현이다.
- 그림은 특히 아동화는 아동의 욕구 표현이다.
- 그림은 환경에 대한 인간의 태도 표현이다.
- 그림은 성격특징의 투사이다.
- 그림은 무의식적 세계의 투사이다.
- 그림은 정신, 신체의 병리적 상징일 수도 있다.

○ 미술치료의 목적

상담자는 미술활동을 통해 아동의 자기 인식(감정, 느낌, 사고, 직관)과 타인인식, 환경인식을 강화할 수 있다. 미술활동은 자기 내면과의 대화를 촉진시켜 무의식에 잠겨 있던 문제나 기억들이 의식화된다. 미술창조과정은 언어적·

비언어적 의사소통 모두를 촉진시키고, 인간관계의 문제를 다루고 극복하는 능력을 기른다.

자기 인식과 타인인식 향상을 통해 형성된 자기 정체성과 자신감은 사회적 통합을 가능하게 하고 균형 있는 삶을 사는 데 도움이 된다. 이와 같이 다양한 치료적 기능을 지닌 미술은 아동상담 장면에서 평가, 정화, 성장의 목적을 위해 사용된다.

## ○ 아동미술의 발달단계

### 가. H. Read의 구분

(1) 낙서 시기(2~5세)

(2) 선묘 시기(4세)

(3) 묘사적 상징주의 시기(5~6세)

(4) 묘사적 사실주의 시기(7~8세)

(5) 시각적 사실주의 시기(9~10세)

(6) 억압 시기(11~14세)

(7) 예술적 부활 시기(사춘기 이후)

### 나. Lowenfeld의 구분

(1) 난화기(2~4세): 이 단계에서는 무엇인가 그린다는 목적보다는 손의 근육 운동과 그 결과로 생긴 선들을 발견하고 즐기는 것으로 점차 발전되면서 회전 형태가 나타낸다.

(2) 전도식기(5~7세): 무의식적인 표현과정으로부터 점차 의식적인 표현과정으로 옮겨지는 상징적 도식의 기초단계이다. 인물을 주로 많이 그리는데

처음에는 원형과 팔다리, 몸통, 발 등이 그려지다가 점차 발전하여 웬만한 사물의 형태는 풍부하게 잘 그린다.

(3) 도식기(7~9세): 독자적인 표현이 나타나며 도식적인 그림이다. 공간개념이 싹트기 시작하며, 기저선으로 땅과 하늘을 구분하고 모든 사물을 기저선 위에 그림. 겹친 그림이나 평면과 입면이 함께 나타나며 투시 등이 나타나며, 기저선을 두 개 써서 연속으로 일어나는 사건을 보여 준다.

(4) 여명기(9~11세): 도식적인 표현에서 탈피하여 객관적이고 사실적인 묘사로 접근하는 시기이다. 객관적 상태에서 사물을 관찰하며 주위환경에 관심을 가지나 그림을 그리는 데는 대담성이나 자신감을 점차 잃어 가는 경향이 있다.

(5) 의사실기(11~13세): 모든 묘사가 운동감이 많아지며, 삼차원적 표현이 가능해진다. 본 것을 그대로 그리는 시각형 느낌과 감정을 그리는 감각형으로 나타남. 어린이가 작품에 대해 자발적인 활동으로서의 표현은 마지막 단계. 그림이 잘 되는 어린이와 잘 안 되는 어린이의 차이가 점차 드러난다.

(6) 사춘기(13~16세): 진정한 의미의 창조적인 그림을 그릴 수 있는 시기이며 이 시기의 소년들은 대부분 그림에 대한 흥미를 잃어버림. 외계에 대한 인식기능과 표현기능이 따라가지 못하는 데 갈등을 느껴 미술표현이 점차 침체되는 시기임.

<표 5-1> 미술과정과 작품의 표준적인 발달단계

| 수준 | 과정 특성 | 작품특성 |
| --- | --- | --- |
| 조작하기 | 감각과 근육자극을 위한 탐색적 행동을 한다. | 튀기고 색을 칠하고 점토나 종이를 구기는 것 |
| 형성하기 | 아동이 매체로 통제감을 얻도록 재료를 의식적으로 조작한다. | 갈겨쓰고 굴리고 점토를 평평하게 하거나 반죽하는 것 |

〈표 5 - 1〉 미술과정과 작품의 표준적인 발달단계

| 수준 | 과정 특성 | 작품특성 |
|---|---|---|
| 명명하기 | 환경에서 성인의 격려로 아동은 작품에 어떤 것을 상징하고 이름을 붙일 수 있다. | 아동이 동일시하는 난화와 점토를 만드는 것이나 반죽하는 것: 무엇인가를 나타내는 작품 |
| 표상하기 | 작품은 특징을 나타내지만 아직 동일시하기는 어렵다. 즉 어떤 형태와 뚜렷한 상징적 가치가 있다. | 동일시하기 어렵더라도 가치를 표현하는 대상이나 그림 |
| 수용하기 | 체계적인 윤곽을 만족시킴. 말 그대로 상징적으로 경계 내에 머무른다. | 대상에 뚜렷한 윤곽이 있는 그림: 현실을 표현하는 뚜렷한 경계가 있는 점토모형 |
| 탐색하기 | 매체의 탐색, 창조성을 발휘, 세분화하기 위한 관심이 증가한다. | 흥미 있고 정교한 그림이나 보는 사람의 관심을 끄는 모형 |
| 통합하기 | 두 가지 차원의 상징이라도 사실적이고 사람과 대상을 포함하여 덜 이기적인 매체를 선호한다. | 대상을 표현하는 정교한 타인의 그림, 사실적인 조소작품ㅈㅈ |
| 귀화하기 | 정교하고 세련됨, 비율과 음영 분할을 숙달하기 시작한다. | 세 가지 차원으로 균형을 이룬 그림과 조소작품 |
| 개성화하기 | 자기표현과 개인적인 스타일을 찾음, 가치와 이상을 반영, 갈등이 현재 더욱 명확해진다. | 세 가지 차원으로 정교하고 색다른 그림이나 의미가 있는 조소작품 |

# 2. 문학(독서)과 미술치료

## ○ 문학의 기능

문학작품 속에는 많은 정보와 지식이 내포되어 있어서 문학을 통해서 많은 지식을 습득할 수 있다. 문학은 언어의 구체적인 형상화를 통하여 인생의 진실이 무엇인가를 제시하고, 위대한 사상을 정서화시켜 문학작품 중에서 보여 주고 있다. 문학이 지닌 감동의 힘이란 문학이 직접적으로 가르치고 교육하는 것이 아니라 깊은 공감력에 의해 마음을 움직이게 하는 것이어야 한다.

문학적 힘, 즉 감동의 힘은 쾌락을 주는데, 이는 일종의 카타르시스를 일으킨다.

## ○ 문학의 가치

문학을 치료에 사용하는 데 있어 문학의 가치를 아는 것은 매우 중요하다. 아동문학의 가치를 Gumaer(1984)는 다음과 같이 제시하고 있다.

(1) 아동은 즐거움을 느낀다. 책을 사랑하고 즐길 수 있게 된다. 책을 읽고 이야기를 듣는 행위 자체를 즐기게 된다.

(2) 언어의 발달, 즉 읽고 쓰고 말하고 듣는 영역의 발달을 증진시킬 수 있다.

(3) 상상력을 발휘할 수 있도록 격려하며 창의력을 길러 준다. 책은 아동에게 창조적인 활동의 원천을 제공해 준다.

(4) 자신이 직면한 문제들을 더 잘 이해할 수 있도록 도와준다. 아동은 책 속에서 자신과 비슷한 문제에 부닥친 주인공이 문제를 해결해 가는 과정을 봄으로써 자신의 생활에 적용할 수 있게 된다. 또한 아동은 자신의 문제가 자기 혼자만의 것이 아님을 알게 되어 위안을 얻기도 한다.

(5) 다른 사람에 대한 지식을 많이 얻을 수 있다. 자신과 다른 사람들을 이해하도록 도와준다. 다양한 종류의 인물을 이해하는 데 한계를 지닌 아동은 책을 통하여 자신과는 다른 환경에서 자라는 아이들의 세계와 다른 여러 나라의 문화에 대해 배울 수 있는 기회를 가지게 된다.

(6) 틀에 박힌 일상생활에서 잠시 벗어날 수 있는 기회를 준다. 아동은 옛날이야기나 환상동화에 나오는 기적이나 마술이 자신의 실제 생활에서도 일어나리라고 생각한다. 이러한 환상적인 이야기를 즐김으로써 아동은

편안한 마음으로 일상적인 압력으로부터 벗어날 수 있게 된다.

(7) 도덕적 기준과 태도를 발견하고 개발할 수 있도록 도와준다. 잘 쓰인 책은
유아가 책을 읽는 동안 차원 높은 도덕적 기준을 느낄 수 있도록 해 준다.

## ○ 문학(독서)치료의 가치

Poter(1983)는 아동이 자신의 감정을 표현하는 것이 어렵기 때문에 독서를
통해 아동의 감정표현을 도울 수 있다고 하였다.

특히 독서는 아동이 겪을 수 있는 다양한 변화와 관련된 두려움, 죄책감,
부끄러움의 감정과 접촉할 수 있게 돕는다. 치료자는 문학작품을 통해서 아
동의 내면세계에 자연적으로 접근할 수 있고 아동은 자신이 말로 표현할 수
없던 자신의 내면세계에 다가갈 수 있는 이점이 있다.

Munzl(1985)에 의하면 병상에서 읽는 책은 자기의 상황을 "잊어버리고 다른
곳으로 생각을 유도하는 기능"을 갖고 있다고 한다. 다른 곳으로 유도하는
기능은 교화하고, 감동시키고, 동요시키며, 태도의 변화를 일으키는 과정을 말
한다. 독서를 통해서 얻을 수 있는 치료의 구체적인 효과로 다음과 같은 여섯
가지를 지적하고 있다.

독서는 사람들로 하여금 인간 행위의 심리학과 생리학에 대한 지식과 정보
를 얻게 한다.

자신을 더 잘 이해하게 한다. 관심을 넓혀 주변에 대한 관심을 갖게 한다.

무의식적 고통으로부터 해방시킨다.

교육적 독서치료란 발달 촉진적 독서치료라고 할 수 있는데, 삶을 보다 긍
정적인 태도로 살아갈 수 있도록 교사의 역할을 하는 것이고 치료적 독서치료

는 훈련된 상담자 또는 치료자에 의해 치료적 환경에서 일어나는 것이다.

Berry(1978)는 교육적인 목적으로 사용하는 독서치료를 세 가지 면에서 구별하였다.

첫째, 조력자의 역할과 기능상의 차이(예: 치료자 대 집단지도자, 관리자, 토론자)

둘째, 참가자들의 특성상 차이(환자 대 건강한 자 또는 환자나 내담자 대 학생이나 자원자)

셋째, 독서치료 과정에 있어서 목적상의 차이(건강해지기 위한 것 대 자아실현이나 교육적인 목적 달성)

치료는 비정상적인 현상을 정상적 상태로 환원시키는 것이 아니라 사회인이 지닌 현재 상태를 보다 이상적인 단계로 유도하거나 더욱 불안정한 단계로 들어가지 않도록 예방하는 모든 활동을 포함한다.

Alex(1993)는 독서치료를 사용하는 이유로 개인의 자기 인식, 자기 이해, 그리고 다른 사람을 공감하고 이해하는 것을 증진시키는 것이라 하였고 또한 스트레스를 경감시키고, 대처방략을 제공하며 문제 또는 어려움에 대한 감정과 생각 둘 다를 성공적으로 표현할 수 있도록 개인을 돕기 위해서라고 하였다.

○ 문학(독서)치료의 목적

Kleber(1982)가 제시한 독서치료의 목표를 살펴보면 다음과 같다.

- 문제해결을 위한 현실적인 태도 변화를 유발한다.
- 감동을 시켜 인격을 조정하고 변화시킨다.
- 감정과 체험의 결과를 표현하게 유도한다.
- 자신의 특성과 행동양식을 인식시킨다.

- 새로운 체험을 할 수 있도록 유도한다.

- 인성을 강화하거나 제한한다.

- 의사와 환자와의 관계를 원활히 한다.

- 사회적·문화적 행동양식을 제공한다.

- 대리만족의 기회를 제공한다.

- 사회적응력을 키워 준다.

독서를 아동에게 적용한 Gumaer(1984)가 제시한 독서치료의 목적들은 다음과 같다.

첫째, 장기적으로 아동의 정신상태를 건강하고 풍부하게 한다.

둘째, 단기적으로 상황적인 위기와 중요한 결정을 현실적으로 검토해 보도록 도와준다.

셋째, 자기를 보는 방법을 개선시키고, 조정되거나 변화시킬 수 없는 발달상황에 창조적으로 대응하는 것을 배움으로써 문제를 예방한다.

넷째, 재교육과 통찰력을 발달시킴으로써 문제를 해결한다.

# 기분 단어 게임

〈문학치료-1〉 Heidi Gerard Kaduson 글을 재구성

## 1) 개요 및 이론적 근거

아동 치료 시 일반적인 문제는 아동 자신의 감정이나 느낌을 언어화해야 하는 어려움이 있다.

기분단어 게임은 학습장애와 주의력 결핍 아동에게 자주 적용된다.

게임 시 단지 치료자가 묻는 질문에 아동은 답만 생각하기 때문에 방어는 감소되고 자신의 느낌을 집중해서 이야기하게 된다.

## 2) 설명

준비물 4×6인치 8장의 종이, 펜(아동 테이블 위에 올려놓음)

(치료자) 우리 기분 단어 게임 하지? 먼저 너나 친구의 기분을 단어로 말해 보자.

(아동) 행복하다.

(치료자) 그래 행복, 글씨를 써 보자(못 쓸 경우는 부르는 낱말을 써 준다).

　　　　또 다른 느낌은……. 선생님도 얘기해 볼까? (단어가 안 나올 경우)

(아동) 슬픔이요(계속해서 낱말 모으기를 하여 붙여 본다).

(치료자) 여기에 있는 단어를 보고 느낌이나 생각을 이야기해 보자.

3) 적용

모든 아동에게 유용하지만, 특히 품행 장애 또는 불안문제를 가진 아동에게 유용하다.

이 기법은 주의력 결핍 및 과잉행동 장애를 가진 아동의 의사소통에 유용하다.

4) 응용

막연한 기분을 묻는 것보다 좀 더 구체화하여 물어보기를 한다.

(1) 내가 가장 무서워하는 것이 무엇이니, 왜 무섭지?

(2) 여러 가지 감정(웃는 모습, 우는 모습, 찡그린 모습, 화난 모습, 우울한 모습 등)이 있는 사진이나, 신문(잡지)을 보여 주고, 너도 이와 같을 때에 생각나는 낱말을 써 보자(말해 보자).

(3) 사진 속 인물들과 대화의 시간 갖기.

(4) 동화책에 나오는 주인공의 기분 말하기(쓰기).

(5) 동화 속 주인공과 같은 기분이었을 때는 언제 있었니?

# 펠트를 사용해 이야기 만들기

〈문학치료-2〉 Jo Ann L. Cook 글 재구성

## 1) 개요 및 이론적 근거

이 방법은 이야기를 만드는 사람과 듣는 사람의 폭넓은 상호작용 참여가 필요하다.

펠트는 언어 표현을 촉진하고 자아존중감을 향상시킨다.

자신의 이야기 만들기는 대단한 자부심을 느끼게 한다.

이야기 해석은 아동의 치료과정에 직접적인 도움을 줄 수 있다.

## 2) 설명

(1) 펠트 판에 이야기 만들기에 사용될 그림을 올려놓는다.

(2) 그림을 보고 아동이 스스로 이야기를 만든다.

(3) 해석 목록을 보고 각 치료자들은 아동의 개인적인 배경과 성격을 참작하여 이야기 속에 숨겨진 의미를 찾으려는 노력이 필요하다.

## 3) 적용

다음 목록은 이야기 만들기에서 해석할 때 참고되는 지침이다.

(1) **병역 7세 남아/4년 이상 위탁가정/어머니의 방임, 학대로 여동생과 아동을 엄마로부터 격리시킴/소아정신과 진단은 주의력 결핍 및 과잉행동장애가**

적용된다.

### (2) 아동의 이야기(제목: 왕과 왕비의 성)

옛날 유니콘 한 마리가 깊은 숲에 살았다. 어느 날 소녀가 숲에서 유니콘을 만나……

그녀는 왕자님과 결혼…… 딸을 낳아…… 딸은 공주가 되어 왕자를 만나 결혼……

첫 번째 왕과 왕비는 죽고, 두 번째 왕과 왕비가 딸을 낳고. ……어느 날 아들을 낳아……

(그 아동은 몇 번이고 출생과 죽음의 과정을 반복함)


### (3) **진단**: 엄마의 학대로 삶이 혼란스럽고 불확실함, 왜곡된 방식으로 세상을 보고 있음/딸을 계속 낳은 상징은 4명의 여자가 있는 가정이며, 유니콘은 소년 자신을 뜻한다.

# 컴퓨터로 이야기 만들기

〈문학치료-3〉 N. E. Brewer 글 재구성

## 1) 개요 및 이론적 근거

초기는 컴퓨터에 입력한 일반적인 감정목록에 대해 내담자에게 답한 내용을 녹음하여 컴퓨터에서 재작업한(Ruth Lampert, 1989) 이후 발전시켜 은유적인 상담기법인 상호적인 이야기 만들기에 성공적으로 사용(Richard Gardner 1971, 1986)하였다.

아동들은 컴퓨터 작업 시, 작업내용을 치료자에게 수시로 알려 주고 싶어 한다.

## 2) 설명

시작할 때, 아동이 실화나 TV나 영화에서 본 내용보다는 상상해서 만든 이야기를 서론으로 시작한다. 본론, 결론으로 구성하여 컴퓨터에 작업해 본다.

컴퓨터에 혼자서 직접 작업할 수도 있고 대신 쳐 줄 수도 있다.

## 3) 적용

이 기법은 위축되거나 공격적인 아동 모두에게 적용된다.

위축된 아동은 **컴퓨터를 하면서 자신을 잊고 다른 사람과 연결되어 있고 자신과 공유하고 있다는 격려받는 느낌을 갖게 된다.**

공격적 아동은 컴퓨터 규칙에 따라가면서, 컴퓨터에 대한 통제감과 숙달감을 가지고 있다고 느껴 이 작업을 좋아하게 된다.

모든 작업이 정확성을 원치 않는 이상 절대로 맞춤법이나 문법에 신경 쓰지 말아야 하며, 이야기를 전개해 나가는 데 방해가 되지 않게 하며, 필요하다면 미리 작업 완성 전에 아동과 맞춤법이나 문법을 확인해 준다.

4) 응용

(1) 컴퓨터를 직접 사용하기가 어려울 경우는 컴퓨터의 형태를 취하는 도화지로 활용했다가 직접 치료자가 아동과 함께 컴퓨터에 옮겨 본다.
(2) 컴퓨터로 옮긴 이야기는 프린트를 해서 다시 읽어 보게 한다.
(3) 컴퓨터를 활용하여, 치료자와 내담자가 상호작용한다.

# 단어를 추측하는 이야기 게임

〈문학치료-4〉 Mary Repp 글 재구성

## 1) 개요 및 이론적 근거

이 게임은 Richard Gardner의 상호 이야기 만들기 기법 형식과 유사하다.

아동의 흥미와 참여를 높이기 위해 경쟁적 요소 첨가가 가능하다.

이것은 이야기를 분석하기 위한 도구로 제공된다.

은유는 무의식과 간접적으로 의사소통 가능하므로 치료자는 이야기에서 얻어진 정보는 대개 치료를 위한 해석 시, 부분 부분이 서로 끼워 맞추어지며, 무의식의 이해와 부모의 개입을 위한 방향으로 제공된다.

## 2) 설명

(1) 한 단어가 쓰인 카드를 한 장씩 뽑고 나서, 서론, 본론, 결론이 있는 이야기 만들기에서 3회 이내 그 단어를 추측해 본다.

(2) 치료자는 그 이야기에 치료적인 의미를 부여하며, 짜임새 있고 일관성 있게 얘기하는지에 대한 정보를 얻는다.

## 3) 적용

이 기법은 읽기를 시작한 아동부터 가능하다. 가족놀이치료 시 사용가능(부모의 적절한 방법과 자녀의 이해 수준)하다. 이것은 고통스러운 사건에 대해 이야기하기를 꺼려하는 아동에게 가장 유용하다.

평가 도구로서 이 방법은 감추어져 있을지도 모르는 주제, 대처기술, 감정들을 드러내는 데 도움이 된다. 이렇게 얻은 정보들은 다른 정보들(이미 수집한 정보)이 사실임을 확증시켜 주는 데 도움이 된다.


4) 응용


단어 수준은 아동의 수준을 고려하여야 하며, 일반적으로 엄마, 마녀, 아기, 남자형제, 괴물, 동굴 그리고 다양한 감정들(두려움, 슬픔, 기쁨, 외로움……)과 같은 명사들로 미리 만들어 놓는다.

나이가 어린 아동에 대한 적용은 그림과 글씨가 함께 있으면 유용하다.

잡지나 신문, 동화책에 나오는 사건과 관련된 그림이나 단어를 활용하면 된다.

# 물건을 가지고 이야기 만들기

〈문학치료-5〉 Jackie, Frederiksen 글 재구성

## 1) 개요 및 이론적 근거

이 기법은 모든 상담자들에게 유용하다.

사용하기 쉽고, 결과에서 굉장한 이득을 얻게 된다.

아동들은 이 기법을 사용하기를 좋아하고, 대개 한 회기에서 30분 이내에 이야기가 만들어진다.

## 2) 설명

아동 주위에 있는 음료수 병, 선글라스, 열쇠고리, 인형, 거울 등 다양한 물건 중에 다섯 가지 물건을 놓고 아동이 이야기를 만들어 간다.

첫 번째는 재미있는 이야기 만들기

두 번째는 슬픈 이야기 만들기

세 번째는 교훈적인 이야기 만들기……

치료자는 이야기 속 주인공, 주제, 갈등이 무엇인지를 알아내는 노력이 필요하며(아동의 불편한 감정, 수치감, 상처 받음, 공포 또는 다른 감정……), 다음에 이야기 속에서 전하려는 교훈과 문제해결 방식 등으로 이야기를 정리해 준다.

## 3) 적용

이 기법은 다양한 아동에게 적용되는데 특히 학대와 방임을 경험한 아동, 공격적인 아동, 위축된 아동에게 사용된다.

각각의 물건들을 사용할 때의 이야기가 나오며, 아동은 도벽과 거짓말의 문제와 관련된 이야기, 엄마의 왜곡된 행동, 수치심까지 나오는데, 이 기법을 통해 아동이 느끼고 있는 것을 상상할 수 있게 한다.

## 4) 응용

(1) 바구니에 각각의 물건을 넣어 놓고 한 가지씩 선택하게 한다.

예) 고무장갑바구니/양초바구니/인형바구니/비누 바구니……. 주위에 있는 물건 무엇이든지 가능하다.

(2) 각각의 물건을 보면 생각나는 감정(생각)에 대해 이야기하게 한다.

(3) 이 물건에 따른 행복한 이야기/슬픈 이야기/하고 싶은 이야기 순으로 이야기 만들기를 주문한다.

(4) 아동들의 이야기를 기록하거나 비디오로 (녹음)녹화했다가 관찰기록부를 만들어 놓는다.

# 3. 인지와 미술치료

## ○ 인지

**인지는 앎의 과정이다.** Bruner는 "인지란 외부 세계로부터 폭주하는 자극을 정돈하는 수단"이라고 설명한다. 사람들은 이런 자극의 홍수를 모델, 즉 상상적 표상을 구축함으로써 감소시킨다. 즉 찰나적 새 경험을 이미 기억되어 있는 모델과 연결시키고 그 다음에 어떤 일이 일어날지 예견함으로써 우리가 이 모델에 반응하게 되는 것이다. 그러므로 사고가 대리적으로 또한 경계적으로 현실을 대표함으로써 수행되는 것이다.

인지발달 연구는 지식이 어떻게 습득되는가를 설명하고자 했다.

**미술치료에서 인지적 접근은,** 인지능력을 밝히고 평가하며 발달시키는 데 미술이 어떠한 역할을 하는지 탐색하는 것이라 할 수 있다. 이는 입으로 말하는 말이 인지를 보여 주는 언어인 것처럼 미술도 인지언어가 될 수 있다는 명제에 기반하고 있다.

미술치료의 인지적 접근은 정서장애의 진단과 치료에도 관여한다.

정서는 인지와 상호작용하며 친구들보다 뒤떨어지는 아이는 부적절감과 같은 감정을 가지게 되므로, 인지적 접근은 사고뿐만 아니라 정서를 연구하여, 긴장을 완화시키고 자기 확신을 쌓는 방법을 찾고자 한다. 이 접근은 특히, 말로 자신의 생각이나 느낌을 표현하는 데 어려움이 있는 아동과 성인에게 적합하다.

## 가. 인지언어의 역할

피아제의 글에서 되풀이되는 주제는 언어의 출현 이전에 논리적 사고가 존재한다는 것이다. 언어 사용은 두 살쯤에 시작되는데 이때쯤 아동들은 행동을 반복할 수 있고 일반화할 수 있다.

정상적인 아동을 생각해 보면 언어를 통해 자신의 지각을 분명히 하고 경험을 조직화하며 환경을 이해하고 제어한다. 지각한 바를 말로 이름 붙이고 게다가 언어는 대리 경험을 가능하게 하며 아동은 자신이 바라는 결과를 얻지 못할 때, 그 실패를 말로 대치할 수 있고 자신이 바라는 결과를 **상상 속에서 상징화하여 얻을 수** 있다. 만약 그렇지 못했다면 그들은 자신이 스스로 경험했어야만 정보를 얻을 수 있다. 따라서 아동은 스스로 경험 없이도 다른 사람의 경험을 사용할 수 있고 자신과 타인을 비교할 수 있게 된다.

**미술적 상징은** 정상 아동에게뿐 아니라 청각 손상이나 언어적 손상이 있는 아동과 성인에게 언어의 기능들을 해줄 수 있다.

**언어적 상징처럼, 미술적 상징은** 지각과 경험을 규명해 주며 특정한 주제나 주제와 관련된 것들을 나타내기도 한다.

## 나. 우뇌와 좌뇌

뇌의 좌우반구에 따라 사고하는 양식이 다르다. 우리의 교육 체제에서는 좌뇌 사고(언어적−분석적−순서적)가 압도적이므로 우뇌 사고(시각적−공간적−동시적 양식의 사고)를 하는 사람들은 어려움을 겪을 수 있다.

연구 결과, 사람들은 좌뇌 혹은 우뇌 사고 둘 중에 어느 하나를 더 선호한다고 하며, 이러한 선호는 생의 초기에 일찍 발생한다. 시각적 사고를 선호하는 사람들은 우반구 활동을 통해 문제를 해결하는 경향이 있다.

두 뇌는 모두 필요하며 둘 다 사용해야 하며 두 반구는 신경으로 연결되어 정보를 공유한다.

### 1) 루츠의 주장

시각적 사고는 중요하며 창조적 과정의 중심 부분이라고 했다.

마이클 페러데이는 전기선과 자력선을 시각화했고, 아인슈타인은 언어보다 심상에 의존했고 케큘은 사슬로 연결되어 뱀처럼 꼬리를 물고 있는 일련의 원자들을 시각화함으로써 벤젠 고리를 발견했다.

### 2) 마틴데일의 연구

그는 창조성이 뇌 두 반구의 활동과 관계있다고 증명하고, 창조성이 적다고 분류한 사람들은 창조적 과제가 주어지면 뇌 반구 둘 다 뇌파 활동이 없고 반면 창조성이 많다고 분류한 사람들은 창조적 과제가 주어지면 양 뇌 반구에서 모두 뇌파 반응이 나타났다.

## ○ 미술을 통해 인지적 기술을 평가하고 개발하기

미술을 주된 매체로 사용해서 생각을 표현하고 받아들이도록 가르치고 또 평가할 수 있다는 결론을 갖게 되었다. 왜냐하면 언어적-분석적 방식보다, 시각적-공선적 방식에 의존하는 사람들에게는 이런 방식이 더 효과적일 수 있기 때문이다.

전통적으로 언어를 통해 발달해 온 개념들이 미술이라는 형식을 통해 비언어적으로 발달할 수 있는데 이러한 개념에 대한 이해는 그림이거나 조각과 같은 미술형태로부터 추론될 수 있다.

공간, 순서, 분류의 개념들이 언어를 통해서 발달하지만, 또 시각적으로도 발달할 수 있다. 읽기 장애 연구에서도 비슷한 결론이 나왔는데 배나틴(Alexander Bannatyne, 1971)은 아동용 웩슬러 지능검사를 통해 난독증을 가진 아동들이 하위검사에서 공간적인 것은 꽤 높은 점수를 받고, 개념적인 것은 보통, 순서적인 것에서는 점수가 낮음을 발견하였다.

배나틴의 말처럼, 학습장애가 있는 아동들은 그들이 가진 시각적-공간적 지능을 제대로 평가받지 못하곤 하는데, 그 이유는, 오늘날 교육이 아직은 언어적인 것에 치우치기 때문이다

# 자신의 방법으로 해결하기

〈인지치료-1〉 S. Eileen Theiss 글 재구성

## 1) 개요 및 이론적 근거

아동은 자신의 능력에 대한 자신감을 발달시킬 수 있는 기회가 필요하다.

『Raising Self-reliant Children in a Self-Indulgent World』라는 책에서 좋은 부모와 교사는 아동에게 무언가 설명하기보다는 아동과 활동할 때 아동 스스로 아는 방법을 찾도록 돕는 것이 효과적이라고 하였다(Stephen Glenn).

## 2) 설명

아동이 구두끈을 매는 것을 배울 때, 몇몇 간단한 단계는 이미 알고 있다고 가정해 보고 그 방법을 말해 본다.

이미 알고 있다는 가정에서 아동은 실패의 두려움 없이 자신의 방법으로 자유롭게 보여 줄 수 있다.

자신이 알고 있는 방식으로 종종 다른 아동을 도와주는 데에 참여할 수도 있다.

## 3) 적용

이 방법은 아동의 자기 의지와 자아존중감을 향상시키는 방법이다.

## 4) 응용

(1) 신발끈 매기 이외 주위에 늘 익숙해 있는 것 또는 하고 싶어 했던 것을
해 보게 한다(예: 강아지 목욕시키는 방법, 빨래하는 순서, 밥하기……).

(2) 주로 엄마, 아빠가 해 오던 일인 경우 가족의 상황을 파악한 후 문제점
을 찾고 해결방법을 알아본다.

예: (엄마) 여보 전구가 나갔어요, 전구 좀 갈아 주세요.
　　(아빠) 당신이 갈면 안 돼. 지금 신문 보고 있는데…….
　　(엄마) 남자가 되어 가지고 전구 하나 못 갈아서야…….
　　(아빠) 아침부터 여자가 잔소리야. 잔소리 좀 그만해!

---

(치료자) 아동에게—너는 이때? 어떻게 했으면 좋겠니?
(아동) 우리 엄마는 엄마가 다 해 버려요,
(치료자) 엄마가 힘들다고 하면 네가 도울 수 있는 방법은 없을까?
(아동) 우리 아빠가 엄마에게 소리를 질러요.
(치료자) 그래 그렇구나. 네가 도울 수 있는 방법이 있지 않을까?
(아동) 내가 엄마를 도울 수 있는 일은……

# 인생지도

<인지치료-2> Glenda F. Short 글 재구성

## 1) 개요 및 이론적 근거

인생지도는 아동들이 경험한 네 가지(혹은 더 많이) 정도 명확하고 중요한 인생사건들을 그리는 간단한 미술기법이다.

이 기법은 아동의 과거, 현재, 미래를 이해하게 하고, 매 사건에서의 아동의 감정을 표현하고 확인하고 인정할 수 있게 한다.

## 2) 설명

(1) 네 가지 원이 그려진 종이 몇 장을 아동에게 제공(이야기를 먼저 나누기) 한다.

(2) 아동에게 특별하고 중요하게 느껴진 사건들을 원 안에 그리게 한다.

(3) 그림을 그린 후 자신의 그림에 대해 자세하게 이야기를 나눈다(느낌).

(4) 부모가 듣고 있지 않다고 하여 편안하게 자신의 '솔직한 감정'을 표현하도록 유도한다.

＊ 솔직히 표현하는 것을 두려워하고 있다는 점을 치료자가 아는 것이 중요하다.

＊ 그림을 통해 치료자는 이 점을 부담 없게 해 준다.

## 3) 적용

4세 아동부터, 느낌을 표현할 수 있어서 이 활동이 가능해진다. 이 활동은 과거, 현재, 미래가 존재한다는 것과 인생사건 과정을 지도로 그리는 것이다.

## 4) 사례

아버지가 집을 떠나고 나서 새로운 베이비시터를 만난 상황이다. 미술치료 사와 함께 원 속에 그림을 그려 나간다.

**첫 번째 원** "이것은 우리 엄마예요."

"엄마는 나를 사랑하고 도와줘요."

**두 번째 원** "이것은 나와 아빠예요."

(엄마에게 설명할 때) "엄마도 알다시피 내가 아빠의 등을 긁어 주면 기뻐하셨고. 그게 끝이에요."

**세 번째 원** "이것은 유치원에서 나예요."

"나는 무서웠고, 무엇을 해야 할지 이해할 수 없었어요."

"아빠는 내가 유치원생일 때 떠났어요."

(엄마에게 설명할 때 "이것은 내가 하려고 하는…….")

**네 번째 원** "이것은 1학년 때의 나예요. 나는 그렇게 무섭지 않았어요."

(엄마에게 설명할 때 "이것은 내가 하려고 하는 모든 것을 했던 1학년 때 나예요.")

# 성격 파이

〈인지치료-3〉 Tara M. Sinclair 글 재구성

## 1) 개요 및 이론적 근거

성격 파이는 심리종합이론의 이론적 틀을 기반으로 발전된 기법이다.

심리종합이론은 이태리 정신과 의사(Rober Assagioli)에 의해 발전된 치료 양식일 뿐만 아니라 심리철학(상층의 무의식적 정신상태의 존재를 가정=무의식적인 지혜와 적응과 생존을 초월한 삶의 의미와 목표를 위한 열망의 존재)이다.

심리종합이론의 이론과 실제는 성격의 통합을 용이하게 하고 삶에 즐거움과 의미 있는 방향을 불어넣어 주려는 방식으로서 의식을 확장시키는 데 중점을 둔다.

## 2) 설명(그림은 뒤편에)

성격 파이는 우리가 각각의 다른 상황에서 다르게 행동한다는 사실을 실토하게 된다.

(1) 도넛모양을 그려 준다.

(2) 도넛을 사등분하기(도넛 중앙 부분은 비워 두기=호기심 유발)

(3) 네 가지 부분에 자신의 다른 성격에 대해 각각 그림을 그리며, 도넛 중앙 부분에 무엇이 있는지를 나중에 설명하겠다고 가볍게 상기시킨다.

⑷ 그림이 완성되면 무엇이 빠졌는지를 언급, 중앙 부분 '파이의 눈'이라고
   밝혀 준다.

⑸ 자신이 어떻게 느끼고 무엇을 할 수 있는지를 아는 내부의 눈에 대해 설
   명한다.


파이의 눈을 기억하고 토의할 수 있는 기회이다.


## 3) 적용

치료자가 아동의 핵심문제나 욕구 영역을 알고 있다면, 성격 파이 부분에 이
문제를 표현하도록 언어적 자극을 할 수 있다.

예1) 학교공포증으로 고통받고 있는 아동의 경우

첫 번째 칸은 학교에서 느끼는 나

두 번째 칸은 집에서 느끼는 나

세 번째 칸은 다른 장소에서 느끼는 나

예2) 청소년이라면 정체성 문제가 핵심인 경우

첫 번째 칸은 친구들, 두 번째 칸은 선생님, 세 번째 칸은 이성…….

## 4) 사례

다른 사람과 함께 지내는 데 어려움이 있는 6명 여자 청소년들과 집단 활동
에 사용(그림을 각각 그린 후 설명하게……)한다.

(1) 사회적 자아: 다른 사람들에게 보이는 자기

(2) 개인적인 자아: 다른 사람에게 보이기 싫은 사적 자아

(3) 외적 평가: 아동 청소년기임에도 불구하고 여전히 어린애처럼 감정 표출

(4) 내적 평가: 자신이 행동하는 부분에서 스스로 억압하고 관용하는 부분

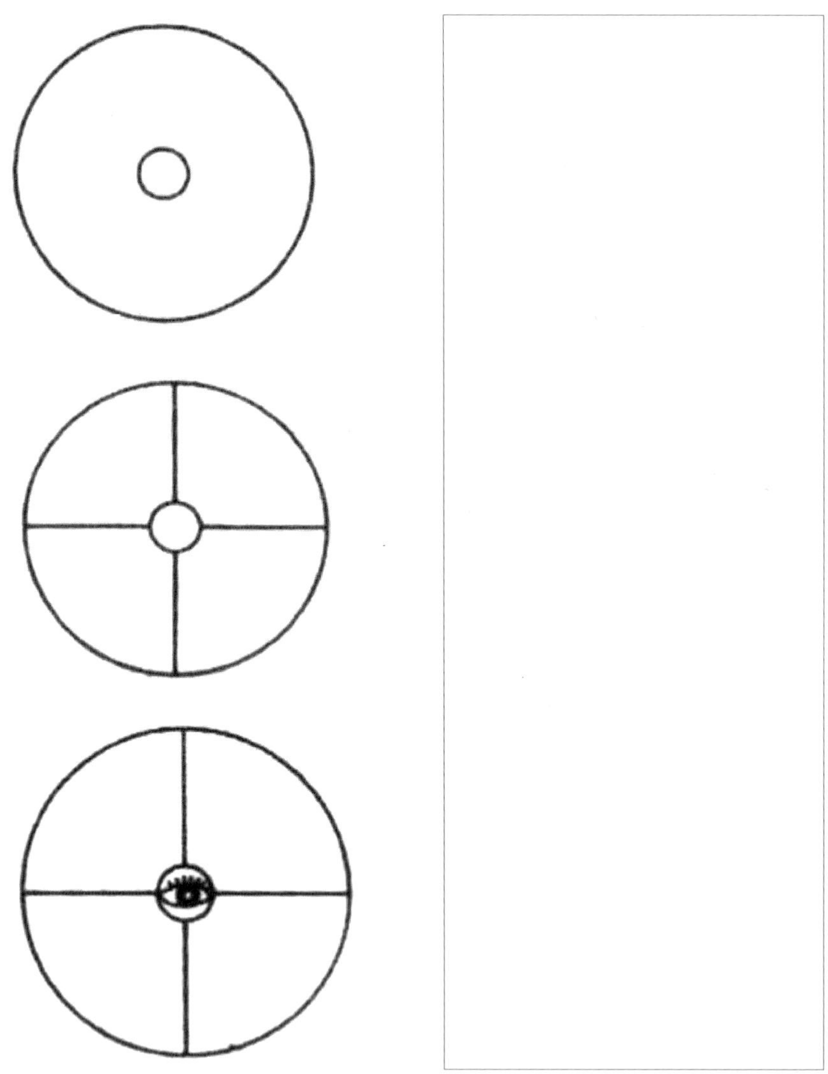

# 좋은 쪽과 나쁜 쪽

〈인지치료-4〉 Dolores M. Conyers

## 1) 개요 및 이론적 근거

종이에 중앙선 내려 긋기는 아동이 어려운 문제에 직면한 때에 덜 위협적인 생각을 하게 하는 방법을 제공하는 기법이다.

이 활동을 통해 중앙선 양편에 균형을 잡을 수 있는 기회를 제공함으로써 삶의 사건들을 보다 건강하게 한다.

## 2) 설명

재료: 연필, 종이, 다양한 크기의 색종이, 자, 색 사인펜, 가위, 풀

## 3) 적용

치료자와 라포를 형성하여 아동이 가지고 있는 관심을 통해 작업하고, 평가하고 확인할 시간을 주는 기법이다.

이 기법은 주의력 결핍 및 과잉행동 장애를 가진 아동에게 잘 적용된다.

아동은 고도로 집중되고, 목표지향적이며, 언어 향상성을 치료자와 친근한 얘기까지 나누게 된다.

# 4) 사례

|  |  | 나 |  | 아빠 |  |
|---|---|---|---|---|---|
| 좋은 | 나쁜 | 행복한 | 슬픈 | ☺ | ☹ |
| 데이지, 꽃 | 폭풍과 토네이도 | 건강한 | 아픈 | 자전거 고쳐준 일 | 나에게 소리 지름 |
| 생일선물 | 악몽, 어두움 | 놀이공 | 부러진 다리 | 야구장에 데려가기 | 맥주를 너무 많이 마심 |
| 엄마와 아빠 | 유령 (두려워하는 것을 적기) | 과학에서 B를 맞음 | 역사에서 D를 맞음 | 우스갯 소리하기 | 무언가를 던짐 |

위축된 8세 아동의 사례에서 이 아동은 교실의
시끄러움 속에서도 혼자만 철저히
고립되어 있었다.

처음엔, 혼자서만 중앙선의
좋은 쪽(혼자 책 읽기, 군대탱크, 괴물)과
나쁜 쪽(철자수업, 아동, 학교식당)의 구분이 명확하
지 못했으나, 7달 치료 후엔 주제가 명확해지고 친구
들과도 잘 어울렸다.

자폐증을 가진 아동에게 억눌러진
관심을 폭력적인 만화 주인공에 관심을
우선 보이고, 가족 구성원에게 신체적으로
주먹을 휘두르기 시작했다.

아동이 만화의 폭력과 현실의 폭력 간의
차이점을 이해시키는 데 목적이 있었다.

그 후 아동은 고도로 초점화되고, 목표지향
적이며, 언어성이 높아지고 치료자에게
재잘거리며 말을 하게 되었다.

| 동물 영웅 만화 그림 |  | 진짜 동물 사진 |
|---|---|---|
| 살아있지 않음 라텍스 의상 | [창조자] | 살아있음 진짜 피부 |
| "만화가의 이름" | [아빠의 상] | 신 |
| "만화 인물의 이름" | [음식] | 소년(그의 애완동물) |
| "만화에서 보여지는 먹는 음식의 이름" |  | 애완동물 음식/풀, 작은 가지, 나뭇잎 |
| "만화 인물의 이름" | [친구들] | 소년의 엄마와 아빠 |
| "만화 인물의 이름" | [적들] | 악어들 |

# 4. 가족과 미술치료

## ○ 가족의 개념

"가족은 부부, 부모, 자녀, 형제 등 혈연에 의하여 맺어지며 생활을 함께하는 공동체 또는 그 성원이다." 고전적인 정의로서, Murdock의 핵가족적 정의 Levi-Strauss의 확대 가족적 정의이다.

## 가. 가족의 정의

- 출생과 함께 가족이란 집단에 속하게 되며, 일상생활에서 가장 친밀하게 상호작용을 하며 규범과 가치를 전달받고 나름의 독특한 문화를 형성한다.
- 사회화 과정을 담당하는 사회의 가장 기본적인 집단(primary group)이다.

## 나. 가족의 특성

1) 가족은 일차적 집단(Primary group)이다
- Cooley는 인간 간의 접촉방식에 따라 일차적 집단과, 이차적 집단 (Secondary group)으로 구분하고 인간의 출생과 동시에 참여하는 집단이 일차적 집단으로 가족이 그 예이다.
- 일차적 집단에서는 성원 상호 간의 관계가 직접적(Face-to-Face)이고, 친밀하며, 그 관계가 항구적으로 지속된다.
- 이차적 집단이란 간접적 거리를 가지고 접촉하는 결합관계를 갖는 것으

로 조직, 국가, 사회 등이 그 예이다.

– 이차적 집단은 그 구조가 비교적 복잡하고 제도화되어 있다.

## 2) 가족은 공동사회집단(Gemeinschaft)이다

–공동사회는 Tonnis가 사용한 개념으로는 희생사회라고도 불리며, 성원 상호 간의 애정과 이해로 결합되어 외부적 장애에 의해 결코 분열되지 않는 본질적 결합관계를 지닌다.

– 이익사회(↔ 공동사회) "어떠한 결합에도 불구하고 본질적으로 분리되어 있는 사회"를 의미, 예로는 정당, 사회, 조합 등의 집단

## 3) 가족은 폐쇄집단(Closed Group)이다

– 개인은 누구나 원한다고 해서 특정 가족의 구성원이 될 수도 없는 것이고, 또한 혈연으로 특정 가족에 태어난 이상 그 가족관계를 자유롭게 포기할 수도 없는 것이다.

– 개방집단이란, 집단의 소속성이 자유롭고, 원하는 대로 그 집단성원의 자격을 획득, 포기할 수 있는 집단을 의미한다.

– 가족 이외의 대부분의 집단은 개방집단이다.

## 4) 가족은 형식적 집단(Formal group)이나 가족관계는 비형식적(In-formal)이다

– 형식적 집단이란, 객관적 조직과 특정한 관습적 절차체계를 지니며 이것에 의하여 행동이 통제되는 집단을 뜻한다.

○ **가족의 생활주기**

## 가. 가족 생활주기의 의의

가족 생활주기는 그 자체가 하나의 정서적 발달의 기본 단위이다.

모든 가족은 개인과 마찬가지로 결혼, 첫아이의 출생, 청소년기의 시작과 같은 어떤 예측 가능한 사건이나 국면을 통과한다.

가족 생활주기를 거치는 동안 각 단계에서 요구되는 발달과제를 해결해야 하는데, 순조롭게 해결되지 않을 경우 외부의 도움이 필요하다. 상담자들은 최근 생활주기에 대한 인식을 새롭게 하고 있다. 종래의 출생부터 5, 6세까지가 한 개인의 인격을 형성한다고 보았던 결정론의 시각과는 달리, 전 생애에 걸쳐 끊임없이 변화한다는 생각을 지지한다.

## 나. 가족 생활주기의 발달과제

1948년 힐과 듀발이 가족을 각 구성원의 개별적 생활주기의 집합으로 취급하며, 가족은 이와 같은 집합 안에서 상호 의존적인 관계라고 주장한 것이 출발점이 된다.

1950년대 듀발은 결혼, 출산, 자녀의 성장, 죽음 등 가족 수가 줄거나 느는 것을 중심적 사건으로 설정하여 가족 생활주기를 8단계로 나누었다.

1950~1960년대에 보웬, 애커먼, 잭슨, 사티어 등 가족을 주로 만나는 상담자들은 자신의 임상적 경험을 토대로 새로운 가족발달 또는 가족 생활주기의 모델을 확립한다.

헤일리는 가족 생활주기를 6단계로 나누고 가족 스트레스는 어떤 단계에서 다른 단계로 이행하는 시점에서 자주 나타난다고 강조—가족은 이러한 시점에서 증상을 나타내는 경우가 많다고 지적하였다.

## 다. 새로운 동향의 가족

카터와 맥골드릭은 가족 생활주기의 기본적인 단계구별에 덧붙여 생활주기 이론에 현대사회의 새로운 동향을 포함한 현대적 과제는 1890년대 이혼율이 50%를 넘는 미국 사회의 현황을 가족 생활주기에 이론에 반영해보면 우리나라의 이혼율이 급격히 증가한 경우로 새로운 관심사이다.

〈가족치료에서 다루는 문제〉
  (1) 부부간 문제
  (2) 맞벌이 문제
  (3) 아동양육 문제
  (4) 청소년기 자아정체감 문제
  (5) 집 떠나는 성인 자녀와의 문제
  (6) 연로한 부모 돌보기
  (7) 한 부모 또는 재혼가족 문제
  (8) 가정 내의 학대문제
  (9) 약물과 알코올중독 문제
  [출처] 가족의 정의와 특성 |작성자 한진희 글

# 자화상과 초상화
## 〈가족치료-1〉

| 대상 | 아동, 청소년, 성인, 집단 | 시간 | 60분 |
|---|---|---|---|
| 준비물 | 켄트지 4절지, 그림도구 | 적용시기 | 초기 |
| 목적 | •자신이 생각하는 모습과 타인이 보는 자기의 모습을 인식하고 수용한다.<br>•자신의 내적 상황을 투영하여 볼 수 있다. | | |

**활동**

*두 명이 짝을 지어서 종이를 교환하기
(이때 켄트지 4절지를 반으로 접어서
한 면에 자신의 초상화를 그린다)

*파트너 초상화 그리기
(이때 먼저 그린 초상화가 보이지 않게
한쪽을 접어 놓는다)

*파트너를 사실적으로 그리거나 이미지를 그린다.
*서로 그린 두 면의 초상화를 비교한다.
(공통점, 차이점, 특성비교하기)

**변형**

*자신의 얼굴 만져보고
찰흙으로 만들기

*큰 종이에 신체윤곽본뜨기를
서로 해준다(자신이 원하는 모습을
그려 넣기)

*자신을 상징적으로 그리기
(예: 동물, 식물, 강, 풍경, 집, 물건…)

## 응용

**주제: 삶의 파노라마**

1. 집단은 함께 둘러앉아 눈 감고 음악을 듣는다(치료사는 호흡과 근육이완 되도록 돕기).
2. 각자의 개인적 역사에 대해 생각해보도록 유도한다.(출생, 유아기, 아동기, 청소년기, 장년기, 노년기, 죽음까지)
3. 자신의 삶의 파노라마를 그림으로 표현한다(추상적인 표현도 가능함).

출생　　　유아기　　　아동기　　　청소년기　　　장년기　　　노년기　　　죽음까지

# 가족의 소원

## 〈가족치료-2〉

| 대상 | 가족집단 | 시간 | 60분 – 90분 |
|---|---|---|---|
| 준비물 | 켄트지, 그림도구, 잡지, 가위, 풀 | 적용시기 | 초기/중기 |
| 목적 | •가족 상호 간의 갈등이나 욕구를 표현한다.<br>•가족 간의 이해를 돕는다.<br>•가족의 응집력을 높인다. | | |

**활동**

*모든 가족구성원은 각자 자신의 현재상황 그리기

*또 한편 자신이 바라는 상황을 다른 종이에 그리기
(콜라주로 표현 가능함)

*가족은 그림들을 함께 모아서 서로 감상하고 자신의
소원이나 바람, 불만 등 얘기를 하게 한다.

---

**변형**

*자녀가 먼저 그림주제를
정해서 종이를 주면 부모는
그림을 그리거나 콜라주를
한다.

*그림 속에 나타난 부모의 생각을
자녀가 읽어 보게 한다.

*그리고 부모의 생각을 들어본다.

---

## 확장

주제: 자녀에게 물려주고 싶은 유산(遺産 )에 대해 기록해 보세요.

종이를 네 등분하여  시계방향으로 각 부분에 다음의 주제를
그림으로 그린다.

유산으로 받은 것          유산으로 받고 싶은 것




유산으로 받고 싶지 않은 것    나의 자손에게 물려주고
                          싶은 유산

2. 부모에게 물려받은
   장점과 단점을
   적어 본다.

_______________

3. 자손에게 물려주고
   싶은 자신의 장점과
   물려주고 싶지 않은
   자신의 단점을 적어
   본다.

# 엄마 배 속에서

## 〈가족치료-3〉

| 대상 | 아동, 청소년, 성인, 개인, 집단 | 시간 | 60분 - 90분 |
|---|---|---|---|
| 준비물 | 종이, 그림도구, 명상음악 혹은 조용한 피아노 음악, CD플레이어 | 적용시기 | 초기 |
| 목적 | •안정감과 이완을 느낀다.<br>•기억을 재조명한다.<br>•상상력과 창의력을 높인다. | | |

### 활동

*치료사는 방을 어둡게 해두고 바닥에 담요를 깔아둔다

*어머니 배속에 있는 자세를 시범적으로 보여주며 각자 옆으로 누워서 두 발을 가슴까지 끌어 올리고 머리를 두 손으로 감싸도록 지도한다.

*참가자는 태아의 자세로 누워서 눈을 감고 치료사의 말에 귀를 기울인다.

*아가에게 대하는 말투로 치료사는 지시를 한다.

### 치료사의 말

*너는 이 세상에 태어나기 전에 엄마 배속에 있었단다. 상상해 보아라.

*네가 다치지 않도록 보호해주기 위해 따스한 물이 너의 주변을 감싸고 있다.

*엄마의 심장소리와 함께 음악소리를 엄마와 함께 듣는단다.

너의 모습을 그림으로 그려보자.

## 확장

주제: 행복했던 기억

명상음악을 들려주며 참가자들을 누워 있게 한다.

아름답고 평안한 이야기를 들려준다.

자신의 행복했던 기억을 그려 보세요(사진이나 잡지를 이용해도 좋습니다).

왜 행복한지를 말해 보세요(기록해 보세요).

# 5. 놀이와 미술치료

## ○ 놀이의 의미

놀이는 자기표현을 위한 가장 자연스러운 수단이고 아동과 성인 사이뿐 아니라 아동 간 의사소통의 뛰어난 수단이다. 아동은 놀이를 통해 말없이도 의사소통한다.

놀이에서는 장난감 또는 단순한 사물들이 아동의 성장을 촉진하고 중요한 생활상황을 행하도록 돕는 목적으로 사용된다.

### 가. 놀이의 기능은 여덟 가지

- 놀이의 힘은 비범하고 진지하다. 유아기부터 8세까지 아동 생활 그 자체가 놀이이다. 이 활동을 통해 아동의 자발성과 성장이 촉진된다.
- 놀이는 아동에게 활동의 자유를 부여하고, 아동이 다스릴 수 있는 상상의 세계를 제공한다.
- 놀이세계에서는 유아 자신이 결정권자이며, 놀이의 지배자이다.
- 놀이는 모험의 요소를 가지고 있어서 불확실성과 도전을 내포하고 있다.
- 아동은 놀이를 통해 물질세계를 탐색해 나가는 방법을 획득하고 판단력을 키우고 성인의 역할을 학습한다.
- 놀이는 발달의 기초가 된다. 언어습득의 기초를 제공하거나 신체적 능력을 숙달시키는 기회를 제공하고 학교 학습은 놀이를 통해서 구체화될 수 있다.
- 놀이는 대인관계를 형성하는 독특한 힘을 가지고 있다.

- 놀이는 흥미와 주의집중 능력을 신장시킨다.
- 놀이는 중요한 활력소의 역할을 한다.

## 나. Schaefer(1993) 일곱 가지 놀이 특성

- 놀이는 외부로부터 동기화되는 것이 아니고 내재적인 것에 의해 동기화된다. 자신을 위해서 하는 활동은 그 자체에 쾌감이 있기 때문에 내재적으로 동기가 생긴다.
- 아동은 외적 보상을 주어서 놀도록 하거나, 강제로 놀도록 압력을 주어서도 안 된다. 놀도록 내버려 두면 놀이는 아동 안에 있는 내적 요구를 만족시킨다.
- 놀이는 활동의 결과나 놀이를 성공적으로 끝마치려고 하기보다는 놀이 행동 자체에 더 관심을 갖기 때문에 놀이과정을 중요시한다.
- 놀이는 긍정적인 느낌을 동반한다. 놀이하는 동안이나, 놀이에 바로 뒤이어서 아동이 나타내는 미소, 웃음, 기쁨 등에서 분명해진다.
- 아동은 놀이에 너무 몰두해서 시간과 장소에 대한 지각을 잃어버리기도 한다.
- 놀이는 마치 ~인 것처럼 혹은 현실세계가 아닌 것처럼 하는 허구적인 특성을 가지고 있다.
- 놀이는 목적과 사건에 신성한 의미를 부여하는 자유를 준다. 이것은 놀이에 항상 어떤 변화와 창조적이고 혁신적인 결과가 있다는 사실에서 확인할 수 있다.
- 놀이는 목적을 탐색하고 무엇을 할 수 있는가를 결정하기 위한 탐색활동과는 다르다.

## 가. 놀이의 자기 발달

자아감을 발달시키는 것은 유아기의 중요한 과제이고, 이것은 또한 놀이 활동의 주된 과제이다. 아동은 놀이를 통해 기본적인 자기-정의를 시작한다.

놀이는 아동이 부정적인 결과를 두려워하지 않고 자기 자신을 자유롭게 표현하도록 돕는다. 자기표현은 항상 자기-탐색의 요소를 포함한다.

놀이를 하면서 아동은 어떤 놀이가 다른 놀이보다 더 즐겁고 좋다는 것을 경험하게 될 것이다.

이런 경험이 반복되면서 아동은 싫고 좋음을 판단하는 능력을 키울 수 있게 된다.

아동은 놀면서 감정을 표현하게 된다. 아동은 가정에서 표현이 허락되지 않았던 감정들을 종종 놀이 활동에서 표현하게 된다.

## 나. 놀이의 성숙

놀이는 아동의 전반적인 성장을 촉진한다. 놀이는 언어기술, 운동기술, 인지기술, 문제해결기술, 그리고 도덕 판단을 포함한 많은 발달적 영역에서 성숙을 이끈다.

놀이를 통해 아동들은 이런 영역 모두에서 새로운 기술을 배울 뿐만 아니라 의미 있고 위협적이지 않은 방법으로 기술을 연습할 수 있는 기회를 갖게 된다.

놀이는 부모나 친구들을 모델링한 기술을 실연할 수 있는 기회를 제공한다.

아동들은 놀이 활동에서 역할놀이를 할 때 모델 역할을 그대로 반복하는 것이 아니라, 자기 자신의 독특한 관점, 욕구, 능력에 그것을 맞추어 수정하여

표현한다. 성숙은 학습과 연습기술뿐만 아니라 놀이의 탐색기능을 통해 촉진
된다. 이는 아동이 환경-사물 사이의 관계, 원인-결과 관계, 사건 사이의 연계
를 탐색하도록 돕는다. 이것은 아동의 경험을 의미 있게 조직화하는 것을 촉
진한다.

## 다. 관계 형성

놀이의 자기 발달과 성숙기능과 밀접히 관련된 것이 관계 형성 기능이다.

아동은 놀면서 새로운 문제해결 기술을 배우고, 이 기술들을 다시 놀이 상
황에서 적용해 본다. 놀이는 다른 사람과 의사소통하는 것을 돕는다. 다른 사
람과의 의사소통은 아동이 다른 사람과 관련되어 있다고 느끼도록 돕고 아
동의 소속감을 촉진한다. 다른 사람과의 놀이를 통해 아동은 관계에서의 규
칙과 가족 규칙 또는 문화적이고 환경적인 태도와 관련된 규칙에 관해서 배운
다. 놀이에서 모든 놀이자는 규칙을 협상하고 주장하는 것을 배워야 한다.

놀이를 통해 아동은 자기에 대해 배운 것과 다른 사람과의 관계 훈련을 통
해 숙달되고 배운 것들을 적용한다. 이것들은 놀이동무들에 의해 수용되고 인
정되는 방법으로 행해져야 한다. 그렇지 않으면 아동은 놀이에서 추방된다. 아
동은 자신의 놀이에서 갈등이 일어날 때조차도 문제해결 방법을 학습한다. 갈
등은 해결되어야 하고 상호작용 놀이를 통해 갈등―해결을 배우게 된다.

## ○ 놀이의 치료적 가치

아동상담에서 사용되는 가장 일반적인 기법 중 하나가 놀이치료이다.

아들러는 명백한 진단 목적과 치료에 사용될 때 하나의 기법이 될 수 있으며, 치료적 가치를 위한 놀이의 여섯 가지 이용 목적을 진단적 이해 기능, 관계적 이해 기능, 아동의 방어수단 기능, 언어 촉진 기능, 무의식적 소재의 발전과 긴장의 해소 기능, 발달 촉진 기능으로 나누었다. Brems는 일상의 놀이 목적을 자기 발달, 성숙, 관계 기능이라고 이름을 붙인 것과 마찬가지로 놀이의 치료적 기능을 관계 형성, 자기 노출, 치유 기능 세 가지로 나누어 설명하고 있다.

### 가. 관계 형성 기능

놀이는 상담자와 아동 간의 신뢰와 특별한 관계의 발달을 촉진시켜 주는 데 효과적으로 사용될 수 있다. 놀이를 통해 상호작용이 쉽게 시작될 수 있고 아동으로 하여금 상담 상황을 친숙하게 느끼도록 하며 안정된 느낌을 경험하게 한다.

### 나. 자기 노출 기능

치료에서 놀이의 유용한 측면은 의식적이든지 무의식적이든지 간에 아동은 놀면서 자기 노출을 한다. 그러므로 놀이는 매우 어리거나 언어가 부족한 아동에게까지 상담이 가능하다. 놀이의 자기 노출 기능은 상담 장면을 두려워하는 아동에게 매우 중요한 역할을 한다.

아동이 놀면서 하는 비언어적인 의사소통을 주의 깊게 들으면서 상담자는 섬세한 질문을 하지 않고도 아동에 관해 알 수 있게 된다.

### 다. 치유 기능

놀이를 통해 감정과 갈등이 자연스럽고 자유롭게 표현되므로 아동은 카타르시스를 경험하게 되어 치료적인 효과를 지닌다.

가장 단순한 형식의 놀이도 카타르시스를 촉진하여 치료 효과를 제공한다. 자유로운 감정의 발산과 정화 능력을 지닌 놀이가 아동을 치유한다. 이 밖에도 놀이는 현존하는 문제를 해결하기 위해 상담자와 아동이 서로 타협하도록 도와준다. 상담자의 도움으로 아동은 자기를 보호하는 자신의 방어를 인식하고 새로운 행동과 적절한 대처기술을 배우게 된다.

놀이는 비언어적 또는 언어적 또는 상징적으로 일어나는 모든 과정들을 가능하게 한다.

○ 놀이치료의 실제 프로그램(영아~초등)

# 아기놀이게임

〈놀이치료-1〉 Charles E. Schaefer 글 재구성

## 1) 개요 및 이론적 근거

첫아이가 학령 전일 때 동생 출생 이후 놀이로 질투와 공격성, 불안을 표현하는 경향이 크다(Field & Rite, 1984).

## 2) 설명

엄마와 놀이시간에 큰아이가 아기처럼 엄마와 놀이시간 갖기(매일 15~30분간), 어린 시절의 옷, 장난감들을 보여 준다.

엄마와의 대화, "너는 아주 사랑스러워, 우리는 모두 지금처럼 너를 사랑했어. 엄마는 그때 네가 ……한 것을 기억하고 있어."

활동 마무리 아기 담요에 싸서 소파(침대)에서 자도록 한다.

## 3) 지침

특정한 시간과 장소를 정한다(다른 가족이 있는 경우는 게임을 하지 않기).

아동이 아기게임에 흥미를 느끼지 않을 때까지 계속한다.

엄마뿐만 아니라 아빠, 다른 양육자들도 함께 참여한다.

놀이시간 이외에는 아기 같은 행동은 무시하고, 성숙된 모습을 알려 준다.

4) 응용

(1) 만약 내가 아기라면?

어릴 때 사진, 물건을 가져 오게(아기 때 기억을 하는지 이야기 나누기) 하고 아기처럼 행동해 보게 한다(기기, 구르기, 우유병 빨기, 울기……).

(2) 아기 돌보기 놀이

아기 인형, 아기 용품(우유병, 턱받침, 유모차, 기저귀……)을 준비하고, 아기 돌봐 줄 역할 정한다(엄마, 아빠, 할머니, 선생님, 원장님, 언니……).

유아를 돌봐 주는 사람의 입장 되어 보기(아기가 울고 있네. 기분이 어떨까?).

어떻게 하면 아기 기분을 더 즐겁게 해줄까? 이야기 나눈다.

(3) 내 동생이 있다면

내 동생에 대한 감정 카드 만들어 본다.

감정 카드를 이용하여 자신의 감정과 동생의 감정을 비교해 본다.

예) 동생이 내 장난감을 빼앗았어요. 그래서 내가 때렸어요.

동생이 배고프다 해서 내가 과자을 주었어요.

동생 기분 : 내 기분

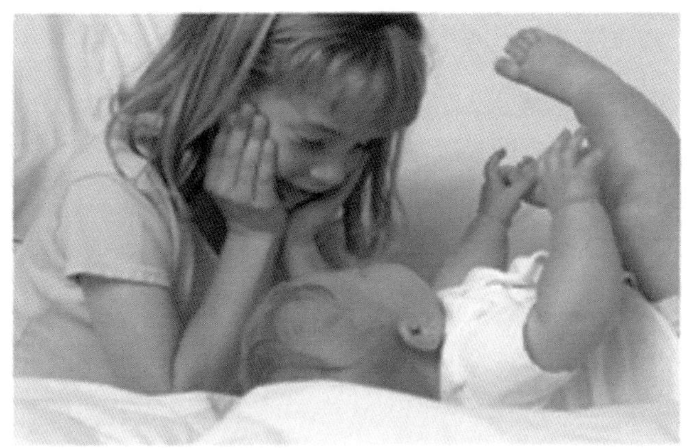

# 장미나무

<놀이치료-2> Violet Oaklander 글 재구성

## 1) 개요 및 이론적 근거

1971년 『Awareness: Exploring, Experimenting, Experiencing(Steven, 1970)』이라는 책은 성인의 다양한 심상을 연습하는 책인데, 이 책을 활용하면 아동들에게도 쉽게 적용가능하다.

## 2) 설명

아동이 눈을 감고 깊은 숨을 몇 번 쉰 후, 장미나무가 되는 것을 상상하게 한다.

아동에게 질문하기.

너는 어떤 종류의 장미나무니?

꽃이 있니? 무슨 색깔? 꽃이 많니? 잎이 있니?

뿌리는 어떻지? 그 나무는 어디에 있니? 주위에 무엇이 있니?

누가 너를 돌봐 주니?

눈을 뜨고 그림 그리기(너는 장미나무라고 생각하고 그리기)…….

그림에 대해 설명하기…….

외롭니? 네 집에 누가 살고 있니(직접 장미나무에 대해 이야기하듯이)?

## 3) 적용

개별아동, 집단, 심지어 가족들과의 작업에도 성공적으로 적용된다.
특히 남녀 청소년까지도 좋은 반응(자기 정의의 연습에 효과적)을 보인다.
더 깊은 감정을 불러일으키는 데 유용하다.

## 4) 응용

장미나무 이외에도 사과나무 등 꽃과 열매
가 모두 있는 나무를 응용한다.

꽃가게에는…….

꽃가게에서 어떤 꽃을 사고 싶니?
이 꽃을 누구에게 주고 싶니?
이 꽃을 보면 어떤 사람이 떠오르니?
이 꽃은 어디에 두고 싶니?
이 꽃가게는 어디에 있으면 좋겠니?
이 꽃가게 주인이 된다면 어떤 사람에게 꽃을 팔고 싶니?

아동의 말을 관찰일지에 기록하여 아동의 정서 상태를 파악한다.

# 전후 그림 그리기 기법

<놀이치료-3> Donna Cangelosi 글 재구성

## 1) 개요 및 이론적 근거

이 기법은 이혼과 별거 가정의 아동에게 적용된다.

프로이트(1908)는 "상실된 모든 것은 대체되어야 한다"라고 밝혔다.

중대한 상실감에 대해 창의적 표현은 본질적이고 자연적으로 보상적인 경험을 제공한다.

전후 그림은

(1) 발생한 고통스러운 상황을 직면하게 하고

(2) 현실적인 결과를 표현하게 하고

(3) 상실과 획득, 관련된 감정을 인식하여 작업하게 하고

(4) 대처기술을 증진시키도록 하여 아동을 도울 수 있다.

## 2) 설명

준비물: A4용지, 크레파스, 사인펜, 색연필

지시사항: 가족의 붕괴, 상실 전·후(즉 현재) 그리기

구성원 중 가족그림에서 (배제)되었는지, 구성원의 위치를 파악하기

## 3) 적용

이혼 이후 별거가정의 아동과 초기에 작업할 때 사용되었지만, 중요한 생활의 변화, 분리, 상실이나 심리적 외상을 겪고 있는 아동에게까지 확장되었다. 이후 그림에서 긍정적인 변화를 찾기 이전에는 없었던 형제가 이후에는 그림에 등장한다.

이때부터 형제의 긴밀한 유대 관계는 고립, 위축, 심리적 불안감을 대항할 만큼 강력하게 강화되었다.

## 4) 응용

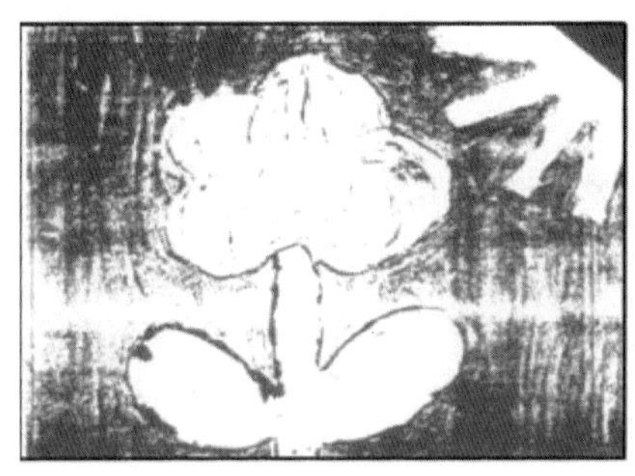

이혼 전: 가족이 모두 있어서 행복했어요.

이혼 후: (죽은 꽃) 슬프고 죽고 싶어요.

# 실 그림 게임

<놀이치료-4> Norma Y. Leben 글 재구성

## 1) 개요 및 이론적 근거

치료 도구를 구입할 예산이 없어서 고안해 낸 기법이다.

가장 과잉 활동적이고 낮은 자아존중감과 심리적 외상을 가진 아동에게 비용이 안 들고 빠른 속도로 치료가 진행되는 기법이다.

이 기법은 종이와 연필이 필요한 그림 그리기의 전략이다. 그리기 도구를 선택하지 않으려는 낮은 자아존중감을 가진 아동에게 유익하다. 마음에 들지 않으면 실을 재배치할 수 있다.

## 2) 설명

치료자는 '그림' 실 뭉치를 첫 번째 실그림이 완성된 후 '보이는 것'이 무엇인지를 이야기 나누기로 유도한다.

〈질문의 예〉

무슨 글씨기 보이니? 어떤 모양(수)으로 보이니? 어떤 음식이 보이니?

이 그림을 보면 무엇이 떠오르니(사람, 장소, 사건)?

## 3) 적용

  이 기법은 대부분의 치료(개인치료, 가족치료, 집단치료)에서 주의력 결핍 및
과잉행동 장애, 반항성 적대 장애, 낮은 자아존중감, 쉽게 산만하고, 충동적이
고 공격적이며 위축된 내담 아동에게 적용된다.


## 4) 응용

# 찰흙세계

〈놀이치료–5〉 Lynn B. Hadley 글 재해석

## 1) 개요 및 이론적 근거

찰흙세계는 모래상자치료의 세계와 만들기 원리에 의해 설명된 찰흙 작업의 속성을 혼합한 표현적인 미술기법이다.

이 기법은 놀이과정의 확장으로 미술 이론적이고 임상적인 지식에 근거한다.

## 2) 설명

필요한 준비물은 모형 찰흙도구, 이쑤시개, 도구 막대, 모형상징물 등이다.

(1) 내담자에게 치료자는 시범을 보여 적극적 참여를 유도한다.

(2) 치료자는 도구와 준비물이 담긴 통들을 아동의 손 가까이에 놔 둔다.

(3) 찰흙 위에 찰흙을 다시 덧붙이기도 하며, 이런 모든 찰흙 사용뿐만 아니라 도구의 사용에 대해 자유로운 선택을 허용하면 자신감을 갖게 된다.

(4) 미술능력이 아닌 창의적 표현에 강조점을 둘 수 있다.

(5) 완성 후 만들기 전과 만드는 동안, 만든 후의 감정을 언어적이든 비언어적이든 모두 심도 있게 표현하게 한다.

## 3) 적용

이 표현적인 미술기법은 자아존중감을 증진시키고 내담자와 정서적 내용에 대한 언어화를 기피하거나 방어하는 내담자에게 감정, 환상, 공포, 기타 경험들을 구체적으로 형상화하고, 불안하거나 공격적인 내담자에게 10세 이상의 아동에게 추천, 특히 남아에게 효과적이다.

4) 응용

# 소년과 소녀의 윤곽선 그림

〈놀이치료-6〉 Barbara A. Turner

## 1) 개요 및 이론적 근거

이 기법은 한 아동과의 치료과정 속에서 자연스럽게 만들어진 기법이다.

특별한 사건에 대하여 느꼈던 감정을 확인하고, 표현하고 해소할 수 있는 도구로 광범위하게 적용될 수 있고 특별한 치료적 요구에도 적합하여 융통성 있는 방법이다.

## 2) 설명

준비물로는 미리 소녀, 소년의 윤곽선을 그려 놓는다. 또는 복사본을 준비한다.

아동이 있는 자리에서 즉흥적으로 그림으로써 불완전한 그림을 즐기며 더 편안해할 수 있다. 주의가 산만할 수 있을 경우에는 미리 복사본을 사용해도 무방하다.

## 3) 적용

아동의 감정적인 경험으로 들어가기 위한 수단으로 윤곽선 그림을 사용하고, 감정을 알아주고 인정해 줌으로써 여전히 알지 못했던 감정 부분까지 알아낼 수 있는 유용한 기법이다.

　　자신의 정서적인 삶을 잘 이해하지 못하는 아동에겐 윤곽선 그림이 도움이
된다.


## 4) 사례

# 6. 창의성과 미술치료

## ○ 창의성의 정의

### 1) Torrance(1958)

창의성이란 새롭고 독특한 아이디어, 다른 관점, 문제를 새로운 시각으로 보는 것이다.

### 2) Guiford(1970)

'새로운 사고를 생산해 내는 것'을 창의성이라고 하고, 창조적 사고를 유창성, 융통성, 독창성, 정교성, 민감성, 재정의 및 재구성력으로 보았다.

## ○ 창의성의 4p

### 1) 창의적 환경(place, press, environment)

'지식의 상태'나 새로운 아이디어를 자극할 수 있는 기회, 문화, 다양한 교수매체, 감정적인 분위기 등을 포함하는 총체적인 환경을 의미한다.

### 2) 창의적 산출물(product)

창의적인 과정의 결과로 나타나는 것이다.

### 3) 창의적 과정(process)

(1) Wallas의 창의적인 과정

준비단계, 부화단계, 영감단계, 검증단계


(2) Osborn-Parnes의 창의적인 문제해결력 단계

문제덩어리 탐색(mess-finding), 자료 탐색(data-finding),

문제 탐색(problem-finding), 아이디어 탐색(idea-finding),

해결 단계(solution-finding), 수용 단계(acceptance-finding)


**4) 창의적인 사람(person)**

독특한 특성 양식으로 창의적인 사람은 다양한 영역에서 뛰어난 재능과 능력을 지닌 사람이다.


○ **창의성을 증진시키기 위한 치료사의 역할**

**가. 예술적으로 창의적 치료하기**

(1) 미술치료사로서 알아야 할 기초적인 지식은 치료적인 작업 시 지식보다는 자신만이 가진 독창성(artistry)이 필요하다.

(2) 창의적 치료를 하는 사람들이 점점 나아지는 것에도 즐거움을 얻지만 예술적이고 창의적인 방법으로 치료하는 일은 더욱 치료사에게 힘을 주고 만족감을 준다.

왜냐하면 치료가 신체적·심리적으로 요구되는 것이 많기 때문에 치료자로

서 계속 남아 있을 수 있기 위해서는 지속적인 만족감을 느낄 수 있어야 한다.

(3) 치료사와 환자의 관계는 오케스트라의 연주와 같아서 환자가 제각기 음색으로 연주하고 치료사는 음악의 조화를 위해 지도력을 발휘하는 것과 같다.

(4) 치료자는 환자의 리듬에 맞추기도 하고 환자의 리듬에 대해 반응하고 때로 도전과 직면하여 리듬을 바꾸기도 한다.

(5) 치료자는 때로 환자가 연주하는 음악, 즉 자아실현을 위해 애쓰는 내부의 노력과 조화를 위해 극복해야 할 긴장과 불협화음 등의 해석가이다.

## 나. 내면으로부터의 표현 유도하기

미술치료는 원칙적으로 무의식의 이미지 산출능력을 인정하고 이것이 그림으로 투사되는 것으로 여기기 때문에 아동은 다음과 같은 것을 경험하게 된다.

(1) 그림을 매체로 내면에 있는 감정을 자유롭게 표출
(2) 갈등을 재경험하고 스스로를 인식하며 수용하는 과정에서 자기 통찰 및 자발성을 향상시키고 사회참여능력을 높임
(3) 생산적인 인간관계를 유지
(4) 언어보다는 비언어적인 심상의 표현으로 방어가 감소됨

## 다. 자유로운 표현의 유도와 적절한 개입 유지

### 1) 자유로운 표현 유도

환자가 선택함으로써(재료, 종이크기 또는 찰흙 색깔) 환자 스스로 평안하게 느끼는 방식으로 하는 것이 최선이다.

그러나 환자에게 제공되는 선택 수는 이용가능한 시간과 환자의 특성(연령, 진단적 분류)과 관계가 있다. 예컨대 사람의 모습을 그리는 게 불편한 사람은 '추상화한 가족 초상화'를 권유한다.

상호작용의 성격을 알아보려면 '가족이 무엇을 하고 있는 것 그리기', 그러나 그리는 것보다 형태를 좋아하는 경우는 '가족 조각'을 이용한다.

재료와 주제의 선택처럼 치료도 환자의 자유로운 표현이 치료의 목적이 될 수 있다. 예를 들어, 긴장을 풀도록 도와주는 것이 목표라면 난화를 그리는 중에 팔과 다리를 자유롭게 움직여 보도록 하기, 깨끗한 재료만을 사용하려는 환자는 좀 더 페인트나 핑거 페인트 혹은 점토 작업을 해 보도록 격려, 첫 단계 치료에서는 붓과 다른 다양한 도구를 사용하도록 권유한다.

미술치료의 일반적인 목적은 공격적인 충동과 같은 강한 감정을 표출하거나 풀어내도록 돕는 것이다.

미술치료사는 환자의 자유로운 표현을 유도키 위해 치료 프로젝트를 계획해야 한다.

즉 시시각각으로 과제를 바꾸고 변화시키기 위해서 '적절한 표현을 유지'할 수 있는 능력을 요구한다.

## 2) 적절한 개입 유지

적절한 표현을 지원하고 유지하기 위한 치료사의 작업은 환자가 작업을 시작하는 순간부터 끝마칠 때까지 계속되어야 한다.

환자가 창작하는 동안 치료자는 환자의 작업속도와 재료의 조작 그리고 신체의 움직임과 언어화하는 데 소요되는 에너지의 수준을 관찰하여 기록한다.

예를 들어, 작업 동작이 자유로운가, 긴장되어 있는가, 조심스러운가, 재료 사용 시 동작의 폭이 큰가, 갑작스러운가, 부드러운가, 확실한가, 확실치 않은가, 경직되었는가, 이완되었는가, 일관적인가, 아닌가, 느린가, 빠른가 등이다.

환자가 작업 시 하는 말에 대한 관찰로는 어떤 음성의 톤을 사용하며 발음이 분명한가, 미술치료사나 다른 환자와의 대화 등 환자의 자발적인 이야기를 주목해야 한다.

환자의 창작활동을 촉진키 위한 적절한 개입은 매우 중요하다(능동적 혹은 수동적 개입으로 행동적으로 할 것인지, 신체적으로나 심리적으로 가깝게 할 것인지, 거리를 둘 것인지, 코멘트를 할 것인지, 조용히 바라만 볼 것인지, 언제 어떻게 개입할 것인지). 작업과정의 처음부터 끝까지 미술치료사가 지켜야 할 치료의 원칙은 '최소한 개입하라'이다. 즉 최소한의 제한과 개입으로 환자의 창의적인 노력을 도와줄 수 있는 재치가 필요하다.

# 풀 그림

〈창의치료-1〉 Neil Cabe 글 재해석

## 1) 개요 및 이론적 근거

불행하게도 학대와 방임을 경험한 아동에게서 일관된 후유증 중 하나는 박탈이다. 이런 아동은 오감을 사용하는 아주 간단한 종류의 활동도 하기 어렵다. 치료 시 중점을 두어야 할 부분은 경계가 명확하고 보호적인, 안정한 환경에서 적절한 감각 자극을 제공한다.

아동의 치유영역 설정에서 가장 저항적인 재료에서 저항적이지 않은 재료로 바꾸어 나갈 것을 제안한다(Lusebrick, 1990).

(연필, 크레파스, 사인펜, 수채화 물감, 포스터 컬러, 핑거)

(1) 치료 초기 단계(저항적인 재료): 의식과 지각, 신뢰, 감각, 확신, 안정을 강조와 지속적인 단계를 발달시킬 근 운동단계의 활성화(animation)에 두게 된다(Cobe, 1995).

(2) 이후 단계(저항적이지 않은 재료): 아동이 주도적인 자기 환경 안에서 자기 효능감과 효과적인 상호작용을 한다.

예) 밀가루 반죽(저항적인 재료), 밀가루 풀(저항적이지 않은 재료)

이 활동은 촉각적이며, 놀이시간은 아동에게 즐거우면서도 치료가 가능하다.
초기 치료에서 필요하다. 나쁜 기억(성 학대, 신체적 분비물로 오인)을 불러
일으킬 수 있다는 점을 이해하고 부정적인 기억을 스스로 극복할 수 있게 도
와야 한다.

## 2) 설명

밀가루반죽은 소금, 물, 식용유, 무독성(염료), 향료(음식 향은 피할 것=먹을
염려)를 사용하며, 풀 그림 밀가루반죽과 비슷하며, 물을 조금 더 많이 넣는다.
보관하려면 남은 재료는 지퍼백에 보관하면 후에 몇 주 동안 사용가능하다.
(1) 치료자는 재료를 제공한다.
(2) 아동이 재료를 가지고 작품을 만든다.
(3) 완성된 작품을 가지고 놀 때 아동의 상상력을 동원하게 하여 이야기를
    끌어낸다.
(4) 때에 따라서 게임으로 응용하여 밀가루반죽 속에서 동전이나 물건 찾기
    도 한다. 많은 감각 박탈 사례들은 기억을 환기시켜 대상영속성 문제 초
    기치료이다.
(5) 입체물의 경우 치료 후 놀이영역을 코너에 표시하여 플라스틱판과 함께
    전시한다.

## 3) 응용

# 표현적인 미술: 색깔 찰흙

〈창의치료-2〉 Lynn B. Hadley 글 재해석

## 1) 개요 및 이론적 근거

색깔 찰흙은 놀이치료에 매우 중요한 도구이다. 창의적이며 표현을 위한 새로운 길을 열게 한다.

색깔 찰흙, 모양 찍기 틀, 기타 미술도구들과의 연결은 놀이치료 기법에 최대한 이점을 줄 수 있다.

색깔 찰흙은 다루기 쉽고 변형되는 특성으로 '통제'를 하기 쉽고, 적극적인 놀이로 유도가 가능하며 형상화를 주기 위한 아동 능력을 촉진시킨다.

## 2) 설명

(1) 재료에 대한 탐색과정 시간주기를 준다.

(2) 다양한 감정표현과 언어표현도 가능하도록 유도한다.

(3) 모양 틀로 모양 찍기는 초기 치료자에게 유용하다.

## 3) 적용

이 기법은 관계 형성, 심리적인 외상과 공포를 극복하는 통제, 삶의 변화에 대한 이해와 대처능력의 향상뿐만 아니라 자아존중감의 증진과 언어화 증진 등 영역에서 치료가 가능하다.

이 기법은 불안을 일으키는 감정, 사고, 경험에 접근하도록 도움을 준다.

(8세 암에 걸린 아동의 경우, 죽음의 공포에 대해 얘기하는 것을 무서워했으며, 이내 말을 멈추었지만 색깔 찰흙을 가지고 놀면서 천사를 만들고 자신이 말하고 싶은 주제를 표현한다.

4) 응용

# 그림 그리기 게임

〈창의치료-3〉 Stanley Kissel 글 재해석

## 1) 개요 및 이론적 근거

아동이 치료사와 처음 만나게 되면 대개 불안해 한다.

어떤 치료사는 초기의 새로운 상황에 아동이 어떻게 대처하는지를 관찰하라고 제안한다(Green, 1981). 치료사가 아동의 문제를 직접적으로 이야기함으로써 더 단호한 지위를 취해야 한다는 주장(Bernard and Joyce, 1984)이다.

아동치료사는 아동과 직접적으로 노는 것이 아니라 놀이에 참여해 주길 원하는 아동의 요구에 반응하여 하는 것(Feller, 1992)이다.

불안을 감소시키고 놀이방에서의 치료사의 권위를 세우는 것이 초기 만남 동안 치료사의 주요 업무라고 한다(Kissel, 1991).

## 2) 설명

이 그림 그리기 게임은 너무 산만하거나 심하게 억압된 9살까지의 아이에게 사용(Kissel 1991)이 가능하다.

억압아동은(불안하고, 공포증이 있고, 우울하고, 부끄러움을 타고, 내성적이거나 강박적인 아동) 특히 새로운 상황에서 불편해질 수 있는데 이 게임을 통해 재미있게 불안을 감소시키고 산만한 아동은(충동적이고, 부주의하며, 저항적이거나 공격적인 아이) 지시와 구조화가 필요하다.

## 3) 적용

아동에게 치료자는 "그림 그리기 게임을 해 본 적 있니?"라고 묻고 종이 위에 사각형 〈그리기 1〉을 그린다.

"이것은 두 개의 창문이 있는 집이야."

〈그리기 2〉 굴뚝이 두 개 있는 집에 한 소년이 살고 있었는데

"그 이름은 누구라 할까?"

"좋아, 존은 부모님과 이 집에서 살고 있었어요. 어느 날 존의 부모님이 강아지 한 마리를 주셨는데……."

"존이 강아지 이름을 무엇이라 불렀을까요?"

"스팟." 그래 그 소년은 스팟을 매우 좋아했어요.

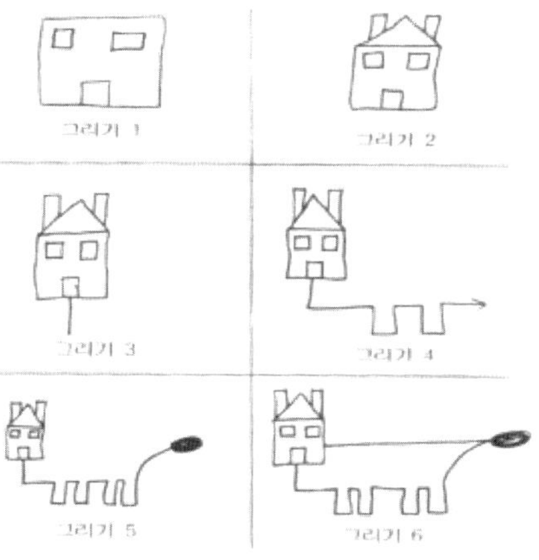



〈그리기 3〉 그런데 강아지가 집을 나갔어요.

존은 집 밖으로 나왔어요.

〈그리기 4〉 강아지를 찾으러 공원을 갔지요.

〈그리기 5〉 존은 스팟을 찾았어요.

〈그리기 6〉 스팟은 존과 함께 잘 지냈답니다.

# 마법그림

<창의치료-4> Ruby Walker 글 재구성

## 1) 개요 및 이론적 근거

19세기 후반, 잉크 반점(Rorschach)기법은 불분명한 자극에 대한 반응으로서 내적 감정과 갈등을 표출하는 첫 번째 투사 검사 중 하나로서 그림을 그린 후 그림으로부터 느껴지는 감정이나 대상을 설명하게 한다.

색깔이나 물감을 칠하는 방식, 대상을 설명하는 방식으로 이런 기법은 치료적 가치가 있다.

놀이치료를 막 시작하려는 아동에게 사용가능하다.

## 2) 설명

종이를 선택할 수 있도록 다양한 색종이와 여러 가지 색 물감을 준비한다. 아동에게 적어도 3가지 이상 색깔을 사용하여 마법의 그림을 그리게 한다.

데칼코마니

"마법의 그림아, 오늘은…… (아동 이름)가 무엇을 그릴까?"

그림에서 본 것이나, 느낌을 설명하게 한다.

"무엇이 너에게 ……처럼 보이게 했니?"

물감이 너무 많이 짜지지 않도록 주의하게 한다.


## 3) 적용


이 기법은 새로운 내담자가 어색함을 해소하는 데 도움이 될 뿐 아니라 아동들도 좋아한다. 아동의 선택을 강화하고 완성된 작품을 칭찬하기에 좋다. 잘못된 그림이란 있을 수 없으며, 우연성으로 모두가 부담이 없다.

아동이 원하는 색으로 유충을 그리게 하고 유충이 고치가 되고 다시 나비로 변하는 과정에 대해 이야기를 나누면서, 그림을 펼치면 나비가 만들어진다는 것을 보고 이야기를 나누게 한다.


## 4) 응용

# 가면 만들기

## 〈창의치료-5〉

| 대상 | 아동, 청소년, 성인, 개인 | 시간 | 2시간 |
| --- | --- | --- | --- |
| 준비물 | 석고붕대, 손거울, 플라스틱 접시, 가위, 물 바셀린 혹은 클렌징 크림, 수건, 아크릴 물감, 붓, 천, 실, 재활용품 | 적용시기 | 중기 |
| 목적 | •창의적 잠재력을 개발한다.<br>•자신을 소개하는 시간을 갖기<br>•자신의 존재, 정체성, 가족, 사회적 관계를 의식 | | |

**활동**

*짝을 만들어서 상대방에게 석고가면을 제작해주거나 혼자서 한다.

*얼굴 전체에 바셀린 바르기/젖은 석고붕대로 머리 감싸기

*석고가 마르면 조심스럽게 석고를 떼어낸다.

*석고가면을 보고 자신과의 대화하기

---

**변형**

1. 가면 건네주기
   건네준 가면 표정 따라하기

2. 가면과의 대화를 한 후
   가면에게 편지쓰기

3. 편지 쓴 내용 집단 앞에서
   발표하기

---

## 확장주제: 가면무도회

1. 가면무도회 주인공 되어 보기

2. 동화 속 주인공 가면 만들기 극 놀이하기

3. 자신이 되고 싶은 인물 가면을 만들어서 드라마하기

## 〈미술치료〉

가네코겐지 외(2006), 「미술치료는 마음을 푼다」, 임상미술학 연구, Vol.1 No.1.

교육인적자원부(2006), 다문화가정 자녀 교육지원 정책.

구메이어(Gumaer J.) 저, 이재연 역(1987), 『Counseling and Therapy for Children』, 서울: 양서원.

권오철(2008), 「지역 사회서비스혁신사업을 통해서 본 미술치료 지원 실태 연구」, 석사학위논문, 동국대학교 대학원, p.11.

김도연(1991), 「미술을 통한 심리치료(1)」, 단국대학교학술논총, 제15호, p.416.

김동연(1995), 「심리재활의 이론과 실제」, 제2회 한국재활심리학회 연차학술대회 자료집, 한국재활심리학회.

＿＿＿＿(1990), 「장애아동 조기교육 및 재활정책에 관한 연구」, 정서·행동장애연구 Vol.6, No.1, 한국정서·행동장애아 교육학회.

김상남 외(2002), 「만성정신장애자 가족의 경험과 주간 재활프로그램 만족도에 관한 연구」, 金龜論叢, Vol.9 No.1.

김선현(2006a), 「한국의 미술치료 현황 및 전망」, 대한임상미술치료학회 춘계학술대회학술지, pp.17~30.

＿＿＿＿(2006b), 『임상미술치료학』, 서울: 학지사.

김영산(2006), 「예술위 웹진 아르코」 16호 4월.

김정환 외(1990), 『문화 운동론』, 서울: 공동체, p.292.

김진숙(1993), 『예술심리치료의 이론과 실제』, 서울: 학지사.

남정걸(1988), 「특수교육학제의 개선방향, 한국 특수교육학회」, pp.5~15.

남정자 외(2008), 「정신보건의 현황과 정책 과제」, 한국보건사회연구원, pp.40~42.

대한신경정신의학회편(1997), 『신경정신과학』, 서울: 하나의학사, p.705.

문화정책개발원(1994), 「우리나라에서 문화투자의 사회 경제적 효과연구」, pp.32~33.

미국 미술치료 협회 http://www.arttherapy.org

미국정신의학회·이재훈 역(2002), 『정신분석용어사전』, 한국심리연구소, p434.

박은혜 외(2004), 『장애아동을 위한 미술교육』, 서울: 학지사, p.19.

박종익(2000), 「한국 정신분열병 환자의 직·간접비용」, 『신경정신의학』 제30권 제3호, p.580.

박진희(2001), 「6세~9세 자폐아동의 미술활동에 관한연구」, 석사학위논문, 이화여자 대학교 교육대학원.

보건복지부(2007), 『보건 복지백서』.

서혁(2007), "다문화 가족현황 및 한국어교육지도방안", 「인간연구」 Vol.-No.12.

서호석 외(2001), 『정신분열병 환자의 삶의 질과 정신병리』, 신경정신의학, p.1123.

설동훈(2006), 「이주민의 한국어교육을 둘러싸고 선결해야 할 조건」, 교육정책 수립 을 위한 심포지엄 자료집, 한국어세계화재단.

오경선(2001), 「공공미술연구」, 석사학위논문, 중앙대학교대학원, pp.9~12.

오종은(2001), 「정서장애 아동의 대인관계 증진을 위한 집단미술치료 사례연구: 인천 시 한 지역의 초등학교 아동들을 대상으로」, 석사학위논문, 경희대학교 교육 대학원.

오지영(2008), 「점토를 통한 집단미술치료가 다문화 가족아동의 또래상호작용에 미 치는 영향」, 석사학위논문, 대구대학교 대학원.

유미(2007), 『현장 적용을 위한 미술치료의 이해』, 경기: 한국학술정보, pp.38~39.

유미·신동근(2005), 「만성정신분열증 환자의 미술치료와 삶의 질」, 『용인 정신 의학 보』 제12권 제1호.

윤진희(2003), 「적응 아동을 위한 미술치료 방법연구: Gestalt 미술치료를 중심으로」, 석사학위논문, 홍익대학교 교육대학원.

이경원(1998), 「ADHD아동을 위한 집단미술요법 사례연구」, 석사학위논문, 이화여자 대학교 교육대학원.

이수진(2005), 「미술치료를 통한 정신지체 아동의 자기표현」, 석사학위논문, 서울여 자대학교 특수치료 전문대학원.

이승미(2007), 「결혼이주여성의 임파워먼트를 위한 미술매체활용 집단프로그램 연 구」, 석사학위논문, 단국대학교 대학원.

이은경(2002), 「중증 뇌성마비아동을 대상으로 한 미술치료교육의 효과연구」, 석사학위논문, 국민대학교.

임지향(2005), 「미술치료의 성립과 과제」, 『비교연구법』 제6권 1호.

임향규(1996), 「비행정서 장애 청소년을 위한 미술 요법 사례연구: '해뜨는 마을' 청소년을 중심으로」, 석사학위논문, 이화여자대학교 교육대학원.

전세일(2006), 「통합의학 속의 미술치료의 역할」, 대한임상미술치료학회 춘계학술대회학술지, pp.55~62.

정숙경(2006), 「데일리 메디」 9월 27일자 기사.

정신건강 미술제 전시도록(2007), 『정신, 그 내면의 세계』, p.6.

정여주(1999), 「인지학적 관점에서 고찰한 교육적 미술치료」, 한독 교육학연구, Vol.4, No.1.

______(2003), 『미술치료의 이해』, 서울: 학지사, pp.15~17.

정현희(2006), 『실제적용 중심의 미술치료』, 서울: 학지사, p.60.

조은희(2005), 「사회복지관의 미술치료 실태조사 연구—서울, 경기 지역을 중심으로」, 석사학위논문, 원광대학교 대학원.

존(John R. Short) 저·백영기 역(2000), 『인간의 도시』, 서울: 한울, p.18.

주디스(Judith A. Rubin.), 이재연 역(2006), 『미술치료학 개론』, p.151.

주리애(2000), 『미술치료는 마술치료』, 서울: 학지사.

주성미(2005), 「미술치료가 중증자폐아동의 언어 및 전반적 발달에 미치는 영향—위니캇(Winnicott)의 발달이론 관점에서」, 석사학위논문, 이화여자대학교 대학원.

차병원 보(2006), 2006년 1월호.

최선화(1996), 「성인미술교육연구논문집」, Vol.16, No.

최순주(2006), 「한·일 노인미술치료 비교분석」, 『임상미술치료학 연구』, Vol.1, No.June, pp.60~61.

최윤희(2004), 「한국·미국의 미술치료 동향 분석」, 석사학위논문, 원광대학교 대학원, p.1.

최외선 외(1998), 「정신분열증 환자의 자존감 향상을 위한 집단미술치료 사례연구」, 『미술치료연구』, Vol.5, No.2.

최정애(2006), 「집단미술치료가 학교 부적응 행동에 미치는 효과에 관한연구」, 석사학위논문, 홍익대학교 대학원.

최현진(1998), 「집단미술치료가 정신분열증 입원환자의 사회기술과 증상에 미치는 효과」, 『미술치료연구』, Vol.12, No.1.

캐시(Cathy A. Malchiodi), 최재영·김진영 역(2000), 『미술치료』, 서울: 조형교육.

캘빈 S. 홀 저, 백상창 역(1983),『프로이드심리학』, 서울: 문예출판사, p.155.

페리에(Jean Louis Ferrier), 김정화 역(1990),『20세기 예술의 모험』, 에이피인터내셔
　　　널, p.813.

하경은(2008),「임상미술은 통한 소아암환아의 심리경향 분석-자유화를 중심으로」,
　　　석사학위논문, 포천 중문의과대학교 대학원, p.43.

한숙자(2002),「미술치료에 관한 이론적 고찰」,『교수논문집』, Vol.6, No, p.236.

한은정(2004),「비지시적환경에서 다양한 매체와 기법을 사용한 미술활동이 발달장
　　　애아동의 자아개념과 사회적 기술에 미치는 영향」, 석사학위논문, 이화여자대
　　　학교 교육대학원.

## 〈음악치료〉

고범석(2002),「치매노인 주부양자의 부양부담 감소를 위한 교류적 음악활동 프로그
　　　연구」, 석사학위논문, 숙명여자대학교 음악치료대학원.

김미애(2003),「노래 부르기가 초기 치매 환자의 단어 회상에 미치는 효과」, 석사학위
　　　논문, 숙명여자대학교 음악치료대학원.

김민정(2003),「표현예술치료를 통한 부적응 학생의 행동변화에 대한 사례연구」, 석
　　　사학위논문, 고려대학교 행정대학원.

김산호(1986),「정신박약아의 신체적성 향상을 위한 음악 수반의 효과에 대한 연구」,
　　　석사학위논문, 이화여자대학교 대학원.

김성희(1999),「음악치료가 정신분열증 환자의 삶의 만족도에 미치는 영향」, 석사학위
　　　논문, 숙명여자대학교 음악치료대학원.

김수희(2002),「음악요법/치료효과에 대한 메타분석 연구」, 석사학위논문, 숙명여자
　　　대학교 음악치료대학원.

김영숙(2003),「치매노인을 대상으로 한 회상치료법에 관한 연구」, 노인복지연구, 9(1)
　　　95-124.

김정은(2003),「집단 음악활동이 학교 부적응청소년의 자아존중감 향상과 우울감
　　　감소에 미치는 영향」, 석사학위논문, 숙명여자대학교 음악치료대학원.

김태종(1993),「감각운동 학습이 훈련가능정신지체아의 적응행동에 미치는 효과. 석
　　　사학위논문」, 대구대학교 교육대학원.

나미희(1999),「노인의 우울척도와 자아존중감 척도를 통해 본 치료적 음악활동의

효과」, 석사학위논문, 숙명여자대학교 음악치료대학원.

문서란(2002), 「사물놀이의 자진모리장단이 노인의 상지근력 활동도수에 미치는 영
향」, 석사학위논문, 숙명여자대학교 음악치료대학원.

문선영(2006), 「통합예술치료가 학교부적응 청소년의 정신건강에 미치는 효과」, 석사
학위논문, 원광대학교 동서보완의학대학원.

박경희(2005), 「학교부적응 아동을 위한 음악치료 프로그램 연구」, 석사학위논문, 부
산대학교 교육대학원 석사학위청구논문.

박소연·황은영(2006), 「음악치료관련 최근 연구동향을 통한 우리나라 음악치료 연
구의 새로운 패러다임 조망」, 한국음악치료학회지, 8(1), 37–53.

박영숙(1995), 「음악요법이 정신질환자의 우울과 정신병적 행동에 미치는 영향」, 석사
학위논문, 서울대학교.

박진희(2004), 「음악치료가 장기입원 노인 환자의 자아존중감과 무력감에 미치는 영
향: 뇌졸중 환자를 중심으로」, 석사학위논문, 한세대학교 대학원.

배미현(2001), 「청소년의 음악적 선호도」, 석사학위논문, 숙명여자대학교 음악치료대
학원.

송영숙(2005), 「노래치료를 통한 정신분열증 환자의 자기표현 사례연구」, 석사학위논
문, 중앙대학교.

송정주(2001), 「집단 음악활동이 노인의 생활만족도와 고독감에 미치는 영향」, 석사
학위논문, 숙명여자대학교 음악치료대학원.

유영선(2003), 「즉흥연주 음악치료가 청소년 자아개념 변화에 미치는 영향」, 석사학
위논문, 숙명여자대학교 음악치료대학원.

이상은(2001), 「집단음악활동이 정신분열병 환자의 고독과 대인관계 능력에 미치는
영향」, 석사학위논문, 숙명여자대학교 음악치료대학원.

이선희(1994), 「음악치료가 정신분열병환자의 음성증상에 미치는 효과 연구」, 석사학
위논문, 계명대학교 석사학위청구논문.

이정진(2007), 「노래회상을 통한 치매노인의 인지재활」, 석사학위논문, 명지대학교 사
회교육대학원.

이주미(2003), 「시설노인과 재가노인의 음악에 대한 정서적 반응 비교연구」, 석사학위
논문, 숙명여자대학교 음악치료대학원.

이주희(1999), 「집단음악프로그램이 시설노인의 우울에 미치는 영향」, 석사학위논문,
연세대학교 대학원.

임진석(2007), 「음악치료효과에 대한 국내학위논문의 메타분석」, 한국음악치료학회

지, 9(1) 1-22.

장문정(2002), 「치료적 음악활동이 의무복무 부적응자의 사회적 지지감에 미치는 영향」, 석사학위논문, 연세대학교 대학원.

장연심(2004), 「학교부적응 청소년의 문제행동과 자아존중감의 관계」, 석사학위논문, 명지대학교 사회교육대학원.

전희순(2002), 「치료적 음악활동이 만성정신분열증환자의 정서 및 음성증상에 미치는 영향」, 석사학위논문, 숙명여자대학교 음악치료대학원.

진소영(2000), 「음악활동이 초등학교 아동의 우울성향 감소에 미치는 효과」, 석사학위논문, 숙명여자대학교 음악치료대학원.

지은미(2001), 「음악활동이 비행청소년의 정서적 안정성과 자아존중감에 미치는 영향」, 석사학위논문, 숙명여자대학교 음악치료대학원.

천혜숙(1999), 「학교부적응 청소년들의 의식과 욕구에 관한 연구」, 석사학위논문, 신라대학교 여성대학원.

최병철(2006), 『음악치료학』, 서울: 학지사.

한희원(2002), 「성악즉흥기법이 음성증상을 가진 성인정신분열증 환자의 자아존중감에 미치는 영향」, 석사학위논문, 이화여자대학교 교육대학원.

홍명선(1987), 「음악요법을 이용한 간호중재가 정신질환자의 행동 및 정서변화에 미치는 영향」, 석사학위논문, 이화여자대학교 교육대학원.


## 〈문학치료〉

골드스타인(Jeseph Goldstein), 이종인 역(2003), 『비블리오 테라피: 독서치료, 책속에서 만나는 마음치유법』, 서울: 북키얏.

김민화(2008), 「아동의 이야기와 그림책이야기의 만남」, 『발달적 독서치료의 실제』, 서울: 학지사.

김춘경(2004), 『아동상담: 이론과 실제』, 서울: 학지사.

김현희 외 독서치료학회 공저(2004), 『독서치료』, 서울: 학지사.

마자(Nicholas Mazza), 김현희 외 독서치료학회 공역(2005), 『시치료의 이론과 실제』, 서울: 학지사.

변학수(2003), 「문학치료란?」, 『의료정책포럼』 10월호, 대한의사협회 부설 의료정책연구소.

변학수(2005), 『문학치료』, 서울: 학지사.

변학수(2006), 『통합적 문학치료』, 서울: 학지사.

애덤스(Kathleen Adams), 강은주·이봉희 공역(1996), 『저널 치료: 자아를 찾아가는 나만의 저널쓰기』, 서울: 학지사.

이봉희(2004), 「나를 찾으려면 낯선 사람을 찾아가라: 문학치료를 위한 "오즈의 마법사" 읽기」, 『문예비평연구』 14, 한국 문예비평 학회, pp.359~381.

이봉희(2006a), 「시/문학치료와 문학수업, 그 만남의 가능성 모색」, 『문예비평연구』 20, 한국 문예비평 학회, pp.103~128.

이봉희(2006b), 「문학 치료적 시작(詩作)—조영희 시인의 "이승에서 띄우는 엽서", "돌의 자화상", "아들아, 딸들아"」, 『새국어교육』 73, 한국 국어교육학회, pp.361~378.

이봉희(2007a), 「저널치료: 새로운 일기쓰기」, 『새국어교육』 77, 한국국어교육학회, pp.235~264.

이봉희(2007b), 「미국에서의 문학치료」, 『문학사상』 3, pp.71~83.

이봉희(2008a), 「저널치료의 실제: 이론과 사례」, 『발달적 독서치료의 실제』, 서울: 학지사.

이봉희(2008b), 「글쓰기치료: 소설 고쳐쓰기를 통한 자아성찰사례」, 『새국어교육』(한국 국어교육 학회) 80.

채연숙·변학수·김춘경(2005), 「문학치료와 현대사회의 정신병리」, 『뷔히너와 현대문학』 28, pp.245~272.

카파키오니(L. Capacchione), 이봉희 역(2008), 『어린이를 위한 크리에이티브 저널』, 서울: 시그마프레스.

페니베이커(James Pennebaker) 저, 이봉희 역(1996), 『글쓰기치료』, 서울: 학지사.

폭스(John Fox), 최소영 외 공역(2005), 『시 치료』, 서울: 시그마프레스.


## 〈연극치료〉


김동배·이숙환(2006), 「정서불안문제아동을 대상으로 한 집단연극치료 프로그램 개발」, 석사학위논문, 연세대학교.

김선이(2005), 「연극치료가 저소득 가정아동의 사회성과 자기표현에 미치는 효과」, 석사학위논문, 원광대학교.

김수경(2003), 「연극치료가 교통사고 장애인의 자존감, 스트레스 및 대처능력에 미치는 효과」, 석사학위논문, 원광대학교.

김수정(2003), 「연극치료가 발달장애아동의 사회성에 미치는 효과」, 석사학위논문, 원광대학교.

김영희(2004), 「예술치료가 발달장애 비행청소년의 자기개념에 미치는 효과」, 석사학위논문, 원광대학교.

김종필(2007), 「연극치료가 비행청소년의 자기개념, 희망감 및 충동성에 미치는 영향과 그 치료요인 분석」, 석사학위논문, 원광대학교.

김현정(2007), 「억압받는 사람들의 연극 공간-해'의 작업에 활용된 A. 보알 연극메소드」, 석사학위논문, 한양대학교.

나해록(2005), 「성매매피해여성에 대한 연극치료 사례연구—자기 존중감, 정서안정성, 대인관계 능력을 중심으로」, 석사학위논문, 원광대학교.

모미나(2002), 「재생연극의 연극적 특성과 치유원리」, 석사학위논문, 동국대학교.

문은화(2006), 「연극치료가 정신지체성인의 자기표현과 사회성 향상에 미치는 효과」, 석사학위논문, 원광대학교.

박미리(2005), 「장애아의 사회성발달을 위한 연극치료연구」, 『공연문화연구』 11집.

박정애(2007), 「연극치료가 신체장애인의 자아개념에 미치는 영향연구: 공연 연습과정을 중심으로」, 석사학위논문, 단국대학교.

박준용(2002), 「아우구스또보알의 '억압받는 자들의 연극'의 연극치료적 속성에 관한 연구」, 석사학위논문, 한양대학교.

송연옥(2004), 「연극치료가 중학생의 자존감과 사회측정지위에 미치는 효과—대안학교 중학생을 중심으로」, 석사학위논문, 원광대학교.

안태용(2007), 「연극치료프로그램이 고립 아동의 사회성에 미치는 효과」, 석사학위논문, 부산대학교 교육대학원.

양은미(2008), 「스트레스를 받고 있는 미혼여성의 연극으로 의극적 투사」, 석사학위논문, 동신대학교.

유민영(1990), 『우리시대 연극운동사』, 서울: 단국대학교 출판부.

이경숙(2005), 「연극치료가 인터넷 중독 청소년의 자기통제력 및 사회성에 미치는 효과」, 석사학위논문, 원광대학교.

이연진(2006), 「연극치료가 저소득층 아동의 내적 통제성 및 공격성에 미치는 효과」, 석사학위논문, 원광대학교.

이은선(2006), 「연극치료를 통한 청소년의 자아개념형성에 관한 연구」, 석사학위논문, 중앙대학교.

이하주(2005), 「연극치료가 가출 청소년쉼터 종사자의 직무스트레스와 대처방식에
　　　미치는 효과」, 석사학위논문, 원광대학교.
이혁인(2007), 「연극치료가 시설 청소년집단의 정서적안정성과 자기효능감에 미치는
　　　효과」, 석사학위논문, 원광대학교.
이효원(1998), 「A. 보알의 "욕망의 무지개"와 그를 활용한 치료효과 분석」, 석사학위
　　　논문, 동국대학교.
______(2005), 「무대에서 영혼을 치료한다」, 『문화예술』 5월호.
______(2007), 「연극치료: 극적행위를 통한 관계성의 회복」, 『한국연극』 2007년 4월호.
이후경 외(2000), 「한국 집단치료의 역사와 현황」, 『신경정신의학』 39(1).
장진부(2005), 「독신여성에 대한 연극치료의 효과」, 석사학위논문, 원광대학교.
주성희(2004), 「연극치료가 비행청소년의 자기개념에 미치는 효과」, 석사학위논문, 원
　　　광대학교.
지경주(2006), 『연극치료워크북: 연극적인 방법을 위한 활동기법』, 서울: 양서원.
진혜경(2006), 「연극치료프로그램이 초등학생의 사회성과 스트레스에 미치는 영향」,
　　　석사학위논문, 한국교원대학교.
한명희(1991), 「연극요법 연구1」, 『연구논집』 10, 중앙대학교 총학.
______(1992), 「연극요법 연구2」, 『연구논집』 11, 중앙대학교 총학.
______(1994a), 「한국무속의례의 연극치료적 성격연구」, 석사학위논문, 중앙대학교.
______(1994b), 「연극요법 연구3」, 『연구논집』 13, 중앙대학교 총학.
______(1999), 「연극으로 치료를 한다」, 외대 대학원 매거진 『창』 12월호
______(2005), 「연극치료의 현황과 비전」, 『문학선』 2005년 하반기 호.
______(2006), 「장애 아동을 위한 연극치료」, 『특수교육』 12월호.
______(2007a), 「은평재활원 연극치료 임상 보고」, 천사원 부설 은평재활원.
______(2007b), 「연극심리치료 임상보고」, 금천노인 종합복지관 주간보호실.
______(2007c), 「연극치료사가 갖추어야 할 일곱 가지 마음」, 『한국연극』 4월호.
______(2008), 「모자원 드라마테라피 임상보고」, 창신 모자원.
한국심리극·연극치료 학회지(2007), 2(1).

## 〈무용 / 동작치료〉

강미원(2000), 「가출 노숙 청소년의 가출과 약물 남용 심화에 관한연구」, 석사학위
　　　논문, 서강대학교.

김지영(2002), 「노인여성의 여가무용 참여에 따른 정서체험과 상호작용」, 석사학위논
　　　문, 연세대학교.
경찰청(2005), 국가 청소년 위원회 2005.
류분순·고경순(2002), 「무용동작치료가 식사장애 여성의 신체상에 미치는 영향」, 『임
　　　상예술』 13, pp.41~49.
＿＿＿＿(1993), 「신경증 환자를 위한 무용치료실제」, 『무용교육학회』 3집, pp.93~106.
＿＿＿＿(2001), 「약물중독자를 위한 무용치료연구」, 『임상예술』 12, pp.76~82.
＿＿＿＿(2004), 『마음치료의 열쇠 춤·동작치료』, 서울: 학지사.
＿＿＿＿(2007), 『무용동작 치료학』, 서울: 학지사.
＿＿＿＿(2007), 「가족무용치료에 관한 연구」, 『한국무용교육학회지』 제18집.
보건복지가족부 www.mw.go.kr
법무부(2007), 성, 가정, 아동폭력 형사정책 공청회. 법무부 여성정책과.
유성경 외(2000), 「청소년 비행예방 및 개입 전략개발을 위한 기초연구: 비행수준별,
　　　유형별 위험요소 및 보호요소 분석」, 『청소년의 가출』, 한국청소년상담원.
이진아(2007), 「한 부모가정아동이 지각한 양육태도, 사회적 지지 및 아동의 자아 탄
　　　력성이 심리적 부적응에 미치는 영향」, 석사학위논문, 한양대학교.
통일부 http://www.unikorea.go.kr
통계청(2004), 「2004 고령자 통계」.
한국청소년쉼터협의회(2005), 「가출 청소년쉼터 실태조사」.
한국 댄스테라피 협회(2008) http://www.kdmta.com

## 〈놀이치료〉

김삼희(2007), 「집단심리치료가 시설아동의 또래관계 및 학교적응에 미치는 영향」, 한
　　　양대 대학원 박사학위논문.
김영혁(2009), 「아동의 낮은 자존감에 대한 교회의 치유방안: 농촌아동 중심으로」,
　　　목원대 신학대학원 박사학위논문.
김재희(2009), 「학습부진아의 집중력향상 미술치료 프로그램 개발」, 박사학위논문.
　　　한남대 학제신학대학원 박사학위논문.
노현미(2009), 「치료놀이를 병행한 인간중심적 집단미술치료가 시설보호아동의 정
　　　서·사회적 적응능력에 미치는 효과」, 영남대 대학원 박사학위논문.
박현철(2009), 「기억력회상 미술치료 프로그램이 치매노인의 인지기능과 삶의 질 향

상에 미치는 효과연구」, 원광대 동서보완의학대학원 박사학위논문.

반정윤(2007), 「청소년 쉼터 종사자들의 예술치료에 대한 인식 및 운영실태」, 광운대 정보복지대학원 박사학위논문.

신지혜(2010), 「부적응아동의 미술놀이치료 프로그램 효과」, 원광대 대학원. 박사학위논문.

송영혜·윤지현 옮김(2001). 『놀이치료 입문』, 시그마프레스.

송영혜(2001), 『놀이치료 원리』, 대구대학교출판부.

신숙재·이영미·한정원(2000). 신숙재·이영미·한정원 저. 『아동중심 놀이치료』, 동서 문화원.

안선미(2009), 「치료놀이 기법을 적용한 미술치료 프로그램이 유아의 문제행동 감소에 미치는 효과」, 계명대 대학원 박사학위논문.

유미숙(2001), 「치료의 이론과 실제」, 원광아동상담센터.

이근주(2008), 「반응성 애착장애 아동과 어머니를 위한 프로그램 연구」, 서울신학대 상담대학원 박사학위논문.

이성미(2007), 「놀이 미술을 적용한 새로운 미술교육 방안 연구」, 숙명여자대학교 교육대학원 박사학위논문.

이영나(2007), 「ADHD 성향 아동의 창의성과 자기 유능감 관계 연구」, 숙명여자대학교 대학원 박사학위논문.

이주영(2008), 「방임된 아동의 공격성과 분노 감소를 위한 분노조절 음악 프로그램 연구」, 이화여자대학교 교육대학원 박사학위논문.

임아영(2008), 「미술놀이치료 프로그램이 정서장애 아동의 인성, 행동, 심리상태에 미치는 영향」, 우석대학교 경영행정문화대학원 박사학위논문.

정남주(2010), 「미술치료 기법을 적용한 부모-자녀 놀이치료 프로그램 개발 및 효과」, 전북대학교 대학원 박사학위논문.

쥬디아론 루빈 저, 김진숙 역(2005). 『미술심리치료 총론』, KEAPA Press.

## 〈상담, 프로그램 평가〉

곽금배(2007), 「중년기 여성의 우울경향을 감소시키기 위한 인지치료 프로그램 개발」, 한남대 학제신학대학원 박사학위논문

김영리(2007), 「집단미술치료가 뇌졸중 노인의 우울에 미치는 효과」, 한서대학교 정보 산업대학원 박사학위논문.

김유숙(2006), 『가족상담』, 학지사

백소연(2008), 「미술교과교육에 적용한 미술치료가 아동의 자기표현에 미치는 효과」, 광주교육대학교 교육대학원 박사학위논문.

백술애(2008), 「한지를 이용한 미술치료가 지적장애아동의 위축행동 개선에 미치는 영향」, 순천향대학교 건강과학대학원 박사학위논문.

서유나(2009), 「가족을 주제로 한 집단미술치료가 정신분열증 환자의 자아회복에 미치는 효과」, 상명대학교 복지상담대학원 박사학위논문.

우영경(2008), 「저소득층 아동을 위한 미술 치료적 집단상담 프로그램의 효과」, 침례신학대학교 상담대학원 박사학위논문.

윤영아(2008), 「직업적응훈련 과정의 성인 정신지체인을 위한 집단미술치료 사례연구: 정서지원을 중심으로」, 명지대학교 사회교육대학원 박사학위논문.

윤정란(2008), 「집단미술치료가 아동의 위축행동에 미치는 효과에 관한 연구」, 명지대학교 사회복지대학원 박사학위논문.

이황은(2009), 「또래집단 미술치료 프로그램이 고등학생의 의사소통기술과 대인관계에 미치는 효과」, 영남대학교 대학원 박사학위논문.

정경은(2009), 「집단미술치료가 사회성이 낮은 아동의 자기표현능력과 교우관계에 미치는 효과」, 전주교육대학교 교육대학원 박사학위논문.

정주경(2007), 「집단미술치료가 여고생의 스트레스 대처방식과 학교적응에 미치는 효과」, 서울여자대학교 특수치료전문대학원 박사학위논문.

이장호, 정남운, 조성운(2006), 『상담심리학의 기초』, 학지사.

김춘경(2007), 『아동상담』, 학지사.

 전정민

성균관대학교 미술학(전공: 시각디자인) 석사
성균관대학교 아동학(전공: 유아교육) 박사
서울대학교 교육학과(전공: 교육심리) 박사과정 수료
성균관대학교 교육학과(전공: 교육평가) 석박사통합과정
현) 월간유아문화센타 전문강사(미술치료/놀이치료)
　　국제디지털대학교 교육학부 겸임/객원교수
　　한국사이버대학교, 한국복지사이버대학교 강사
　　성균관대학교, 서원대학교, 호원대학교 강사
　　성균관대학교 BK21 인재양성문화사업단 연구원
　　한국교육개발원 연구원
　　성균관대학교 사교육정책중점연구소 선임연구원

주요 논저
『이론과 실제를 함께 배우는 프로젝트 접근법』(한국학술정보(주))
「유아기의 인지발달을 위한 시각디자인의 역할-수 개념 중심-」(석사논문)
「창의영재프로그램 효과 확인 연구-Art프로젝트 중심-」(박사논문)
「가족미술치료의 이론과 그 연구경향」(학회논문)
「유아용 다중지능 측정도구 타당화 연구」(학회논문)
「유아용 창의성 측정도구 타당화 연구」(학회논문)
「창의영재 레오나르도 다빈치 연구-다중지능 중심-」(학회논문)
「창의영재프로그램 효과 확인 연구-Art Therapy Concept-」(학회논문)
「미술심리치료을 위한 사회복지 행정-지역사회서비스혁신사업 중심-」(학회논문)
「신 아동교육을 위한 프로젝트 접근법」(어린이의 뜰)

# 통합적 미술치료 프로그램 및 평가


| | |
|---|---|
| 초판인쇄 | 2011년 3월 11일 |
| 초판발행 | 2011년 3월 11일 |

| | |
|---|---|
| 지은이 | 전정민 |
| 펴낸이 | 채종준 |
| 기 획 | 이주은 |
| 편집디자인 | 박재규 |
| 표지디자인 | 홍은표 |

| | |
|---|---|
| 펴낸곳 | 한국학술정보(주) |
| 주 소 | 경기도 파주시 교하읍 문발리 파주출판문화정보산업단지 513-5 |
| 전 화 | 031) 908-3181(대표) |
| 팩 스 | 031) 908-3189 |
| 홈페이지 | http://ebook.kstudy.com |
| E-mail | 출판사업부 publish@kstudy.com |
| 등 록 | 제일산-115호(2000.6.19) |

| | |
|---|---|
| ISBN | 978-89-268-1178-8  93370 (Paper Book) |
| | 978-89-268-1179-5  98370 (e-Book) |


이담 Books 는 한국학술정보(주)의 지식실용서 브랜드입니다.